穆希卡

全世界最貧窮也最受人民敬愛的總統

蔡東杰

目次

二〇一二 佈道者

提到里約熱內盧，一定會直接聯想到嘉年華狂歡會（Carnival）吧。

在這個一年一度、繽紛絢爛、縱情狂歡、無樂不作的森巴大會中，正如一位巴西民眾描述的：「在嘉年華會期間，就算天下大亂，沒水可用、沒錢可花，還是要盡情享樂；每年這個時節，我們都會忘掉前年的種種煩憂，甚至拋開眼下面臨的問題，這就是嘉年華的精神。」當然，嘉年華會的意義絕非單單提供大家一個藉此逃避現實、放鬆縱欲的自由呼吸空間罷了，更積極地說，或許它真正彰顯的乃是移民社會所獨具的「平等」精神。

雖然它不過經常僅僅止於「精神」罷了。

空蕩蕩會場上　一位娓娓道來的良心政治家

二〇一二年六月二十二日，同樣在喧鬧無比的里約街頭，同樣看來也是人山人海、摩肩擦踵，只不過，聚集在一起的人並非為了狂歡，而是希望透過會議共同討論若干面對未來的嚴肅議題。

會議由聯合國召開，正式名稱是「世界永續發展高峰會」，但更為人熟知的說法是第三次「地球高峰會」（Earth Summit），或別具意義地叫它為「里約加二十」（Rio+20），用以紀念一九九二年在此召開首度大會後的二十週年。這場嘗試超越主權國界，放眼全人類福祉的會議，號稱有一百九十二個國家參與及超過一百名國家元首親自蒞臨。此外，還有來自全球的組織代表將近五萬人出席響應，不能不說盛況空前。

在這最後一天會議中，最後一位被安排上台演講的是烏拉圭總統荷西・穆希卡（Jose Mujica），他當時已屆七十七歲高齡，四方臉、大鼻子、滿頭白髮，慈眉善目的模樣跟二〇〇九年迪士尼動畫片《天外奇蹟》（*Up*）中的鄰家老爺爺主角幾乎九成相似（巧合的是，倆人的年紀也差不多）。

說實話，這場大會雖聚集了來自世界各地的「英雄好漢」，絕大多數參與者都在議場外頭或徘徊、或尋覓同志、或想盡辦法吸引鎂光燈焦點，至於本來就已行程滿檔的元首政要們，更是一結束自己的演講便隨即蒸發消失。說來矛盾，遠道來此不就是為了交換意見嗎？但事實是誰也沒有念頭去好好聆聽分享其他人的演說，更別說像烏拉圭這樣小國家的總統，又是最後的演講者，因此在穆希卡奮力邁步走上台後，會場幾乎空無一人，剩下的只有攝影機。儘管如此，穆希卡還是極其認真、毫不保留地陳述了他的個人見解。

拜現代科技之賜，正因我們還有YouTube，這場精彩撼人的演說最終累積了數十萬瀏覽人次，而且繼續被分享傳閱當中。

以下就直接呈現他的演講全文：

來自世界各地蒞臨會場的政府和組織代表們，非常感謝大家。首先謝謝巴西人民和羅賽芙（Dilma Rousseff）總統的邀請，同時也謝謝先前站在這裡，做了精湛演講，並充分展現出真誠理想的每一位。我想，對那些以悲憫人性為出發點的約定，我們每個人都以治理者的身分，藉此機會抒發了自己內心的想法，以及簽字的意向。

儘管如此，我還是趁此大聲地發出若干疑問吧。整個下午，雖然大家不停地探討著永續發展，以及如何消弭世界貧窮等等議題，但是，我們內心深處真正的焦慮到底是什麼？是該如何去模仿現下富裕國家的發展和消費模式嗎？我想問的是：倘若印度跟德國每一戶人家一樣，都擁有相同數量車子的話，這個地球會變成甚麼樣子呢？我們還剩下多少氧氣可供呼吸？說得更清楚些，當前世界真的能夠提供足夠資源給七十到八十億人，讓他們如同西方富裕國家般去消費和揮霍嗎？這有可能嗎？抑或者，我們總有一天得從不同角度重新來審視問題？

事實是，我們確實形塑了目前所生活著的這個文明：在市場與競爭概念的驅動下，人類無疑創造了巨大、充滿爆炸性的物質進步。只不過，市場經濟同時也帶來了市場社會、全球化，以及我們認知這個星球的方式。

究竟是我們正操握著全球化，還是全球化正掌控了我們？在如此殘酷競爭的經濟環境中，真有辦法去討論「讓大家團結在一起」這樣的話題嗎？我們所謂的夥伴情誼到底能走多遠？

如此說，絕非想去貶抑這個活動的重要性；恰恰相反地，我想表達的是，矗立在我們面前的巨大危機並不是生態問題，根本是個政治問題。

擺在眼前的事實是，人類無法控制自己釋放出來的這股龐大勢力，反而是被這股力量控制了。我們並不是為了如此盲目發展才來到世上的，而是為了變得更幸福快樂。人生短暫，稍縱即逝，絕沒有任何物質享受能比生命高貴，這才是問題根本。但是，生命正從人們的指縫間溜走，我們日復一日地工作或甚至過勞，也不過就是想多買些東西，消費社會依舊被視為發展的引擎；現下的邏輯是，如果大家不再消費，經濟就不再發展。如果經濟麻痺了，不景氣幽靈將找上我們每一個人。為了不讓前述「悲劇」發生，結果大家只好放任高度消費習慣繼續傷害這顆星球。為了支撐過度消費，我們甚至得減少商品的使用壽命，以便讓它們可以賣出更多，例如像明明能使用超過十萬小時的電燈泡，最後竟只被設計來照明一千個小時而已！①

正因為市場製造了這些問題，正因為人們被迫賣命工作只為了維繫這個「用完即丟」的社會，致使我們正身處於一個惡性循環當中。這不但是個涉及政治本質的問題，也充分告知我們，是時候了，我們得奮力去開啟另一種全然不同的文化模式。

我的意思並不是叫大家回到石器時代，或樹立一根「倒退記念

---

① 根據二〇一〇年《電燈泡陰謀》（*The Light Bulb Conspiracy*）這部紀錄片顯示，人類所發明的電燈泡早在一九二〇年代就擁有超過四千五百小時的壽命，但為了增加銷量，一九二四年召開的一場秘密會議決定將它縮減到一千小時。事實是，美國加州利佛莫爾谷（Livermore Valley）的小鎮居民，甚至為消防隊大樓中一顆亮了整個世紀的電燈泡舉辦了一場慶生會。

碑」，而是希望提醒大家，我們既不能繼續任由市場驅策下去，更甚者，得想辦法去控制市場才行。

根據個人淺見，這也是為什麼我認為，問題的根本在政治上頭。無論像伊比鳩魯（Epicurus）、塞內卡（Seneca）等古代智者，或者南美的艾瑪拉印第安人（Aymara），②都說過如下類似的話：「所謂窮人，並不是指家徒四壁的人，而是那些永遠無法滿足無饜貪欲者。」這當然是個文化問題。

個人深深地向所有既存的努力與約定致上最高的敬意。作為治理者，我也願意追隨服膺它們。我知道，我的一些說法可能不太中聽，但大家真的得瞭解，諸如水資源危機和環境衝擊等根本不是重點，真正的問題是人類創造的這個文明型態，至於得被重新審視檢討的，乃是我們的生活方式。

我來自一個擁有豐富資源蘊藏的小國。在我的國家裡，雖然只有比三百萬略多一點的人民，但擁有一千三百萬頭全球最優質的牛，還有八百萬到一千萬頭左右的羊，這讓我們可以輸出食物、乳製品和肉類。我們位在一片低緩的平原上頭，而且九成領土相當肥沃豐饒。

我們國家的工人，每天都拚命工作八個小時；雖然最近工作六小時的人也逐漸增加，但他們在做完六小時的工作後，通常還會兼兩份差，因此，事實上比原來的工時還長。這是為什麼呢？因為他們每個月必須支付機車、轎車等的分期付款，當然包括不斷增加的消費支出。結果

②艾瑪拉人是印第安原住民的一支，主要分布於安地斯山區和波利維亞高原，陸續遭印加和西班牙征服並控制，目前約有兩百萬人。

是，大家不知不覺地就變成像我這樣的老人，如同我一般，人生即將邁向終點了。

我不禁想問：難道這就是人類的命運嗎？

對我來說，事情非常簡單：發展絕不能跟幸福背道而馳。

我們工作的目標應該是為了追求人類福祉、愛這個地球、維繫人際關係、照顧下一代、擁有朋友，和滿足最低限度的生活需求。幸福，無疑是人生中真正該被珍視的東西。若真的要為環境而奮鬥，請大家千萬別忘了，幸福才是人類在環境中所能找到最珍貴的原料。

謝謝大家的聆聽。

最窮的總統刮起全球旋風

除了前述別出蹊徑、意蘊深長又振聾發聵的演說之外，穆希卡在會外接受媒體採訪時，也毫不客氣地直接控訴各國的領導人，根本是「矇著眼用消費來追求成長，活像如果不這樣做就是世界末日一樣」。真是一針見血！

可不是嗎？只要不景氣，刺激消費絕對被端出來當成「必備良藥」。且不論這樣的批判是否夠專業或能否被接受，烏拉圭畢竟是個小國家，雖然經濟表現在南美洲還算可以，想在國際媒體上露臉依舊難得一見。正因如此，穆希卡在里約的演說即便深深感動人心，最終為他帶來知名度的，仍是其獨樹一格的政治家風範。

第一個「發掘」這位明星的是記者卡佩里（Dino Cappelli），他在二〇一二年五月二十二日（里約會議大約一個月前）便首先以「最窮的總統」（el presidente más pobre）來稱呼穆希卡，既披露其超簡樸的個人作風，也讓他在西班牙媒體和輿論界刮起一陣旋風；接著，無論是記者查普（Claudine Zap）同年九月以「最窮的總統捐出九成薪水」為題在《雅虎新聞》上發表了類似的網路報導，還是BBC記者赫南德茲（Vladimir Hernandez）在十一月追加的個人專訪，都讓他「清新脫俗」的非凡形象持續向世界各地傳播出去。

當然，此處重點並非媒體的「造神」功力，畢竟在傳媒高度發達的今日，若沒點真本事，被（尤其是八卦）媒體立馬轟下神壇也絕非難事。正所謂「沒有三兩三，那能上梁山」，穆希卡的事跡所以至今傳誦不絕，靠的就是他真實性超高的人格以及不斷分享一些發人深省的雋永想法。

例如在西班牙媒體紛紛以「全球最窮的總統」報導他之後，他的回應是：**「我一點也不窮，說我窮的人才是真窮；說我身邊只有幾樣東西也沒錯，但儉樸卻使我覺得非常富足。」**面對大群蜂擁上門的記者，穆希卡總選擇安適地坐在自家花園裡的舊椅子上，親自下廚煮壺馬黛茶或拿瓶烏拉圭產烈酒 Espinillar 跟大家一起分享，然後輕描淡寫地表示：**「你瞧，這就是自由。沒有財富也就不會被財富奴役，所以會擁有更多自己的時間。」**

聽起來是不是真有點意思呢？

關於穆希卡其人其事，我會在後面的篇幅中細細道來。在此，且讓我們先回到一開始的主題吧。

最輝煌的起點　也是所有問題的根源

自從西歐（以英國為先驅）在十八世紀末啟動工業革命以來，快速的技術進步雖大大提高了人類應付自然環境挑戰的能力，也讓一般人生活水準變得「愈來愈高」，人類的主流生活型態卻同時隨之朝「高耗能社會」邁進，這使人類加諸環境的負面影響逐漸隱然超過其復原自然的能力。對此，羅馬俱樂部曾在一九七二年發表《成長的極限》（*Limits to Growth*）一書指出：③如果目前全球人口、工業化、污染及糧食生產的成長趨勢，繼續在封閉系統中一成不變地發展下去，人類的成長將於數十年內達到極限，包括環境退化、制度崩解、失業率高漲、都市無限擴充、青年疏離感、排斥傳統價值、通貨膨脹及金融經濟混亂等「世界性的問題」，將成為所謂社會「進步」背後的挑戰與危機來源。

無獨有偶，聯合國也在同年召開「人類環境會議」並發表「人類環境宣言（或斯德哥爾摩宣言）」，藉此宣揚「只有一個地球」的共同體概念，從而成為人類對環境結構變遷（惡化）問題採取共同行動的第一步。

至於下一個行動高峰，無疑是在一九九二年召開，共有一百五十五個國家出席的第一屆里約地球高峰會。會中除通過「二十一世紀議程」

---

③ 相較陶醉於戰後經濟快速增長帶來的「黃金時代」，義大利學者貝塞伊（Aurelio Peccei）與蘇格蘭科學家金恩（Alexander King）則在一九六八年邀集三十位企業家和學者齊聚羅馬，共同探討關乎人類發展前途的人口、資源、糧食、環境等根本性問題，並對既有以西方模式為導向之發展路徑提出質疑。這個非正式聚會後來便被稱為「羅馬俱樂部」（The Club of Rome）。在該俱樂部支持下，《成長的極限》曾於一九九二、二〇〇四年兩度修訂改版。

（Agenda 21）做為推動全球永續發展的行動綱領外，聯合國接著於翌年成立了永續發展委員會，[4]試圖透過協商談判以形成必要之長期性法律與制度。自此，儘管進展緩慢，國際社會對於相關議題的關注以及個別或集體行動，仍不絕如縷。

在前述二〇一二年的里約高峰會上，相較於十年前在南非約翰尼斯堡召開的第二屆會議，與會各方就《我們希望的未來》發表了四十五頁的共識文件，內容包括了未來十年的行動計畫、永續治理制度改革、綠色經濟、超越GDP之目標設定等，也不能說沒進展，但因最後仍僅止於「共識」，缺乏實際的「行動」承諾，終究無法避免為德不卒的抨擊聲浪。

話說回來，問題到底出在哪裡？

可以這麼說，關於今日人類所面臨的「準生存挑戰」，各方討論大致集中在兩個層面：科技與道德。前者主要涉及因工業污染帶來的永續危機，後者則聚焦於資本主義體系帶來的貧富分化挑戰。

表面上，這些衝擊可以是兩個問題：前者被認為應發展出更精確的量化指標來確認危險的程度，然後透過技術革新、改良或自我使用抑制（尤其是降低二氧化碳等溫室氣體排放），提供更少汙染可能性的環境。值得注意的是，相較於解決前一個問題時可能具備的積極性（關鍵是要不要做，而非做不做得到），後者則只能透過相對消極的辦法來因應，主要是由政府藉由福利政策來稍稍抑制（但又不可能做太多，否則將蹈上希臘化危機後塵），此外就只能鼓勵社會大眾發揮博愛心了。

④永續發展委員會（Commission on Sustainable Development, UNCSD）下設十七個工作組，共有五十三名任期三年的委員，十一位來自亞洲，美洲有十位，非洲有十三位，東歐六位，西歐和其他地區則共推十三位。

不過，它們真是兩個不同的問題嗎？

或許是，也或許不是。但至少對某一派人來說，「市場」乃是連結兩者的重大環節。正因目前主要以資本主義邏輯來驅動的市場，過於重視「累積」而幾乎不關心「分配」的問題，這既造就、深化了貧富懸殊的差距，也在結構上保障了這種差距的存在。進一步來說，也正因為當前市場對於累積的汲汲追求，過度消費的「需要」既油然而生，在過程中因不思節制帶來的浪費，不啻也埋下了今日能源與環境危機持續惡化的伏筆。

穆希卡似乎也這麼認為。

作為底層平民出身的左翼領袖，穆希卡的一貫立場與思考是，現今世代任何施政都不能脫離市場運作邏輯，這不但是問題根本來源，他也對政商菁英勾結的傳統拉丁美洲（當然，此現象絕不限於拉丁美洲）政治生態嗤之以鼻。雖然在他擔任烏拉圭總統期間，同樣採取了若干主流的社會經濟改革，例如支持傳統產業升級、加大對金融體系的監管、吸引鄰國富人前來置產和存款、通過增加公共開支來刺激經濟成長等「修正主義」措施，讓烏拉圭安然渡過二〇〇九年全球金融海嘯威脅，甚至國民生產總值（GDP）增幅比區域內主要的大經濟體（例如巴西和美國）還要高。但在發展經濟同時，他更不忘初衷地推動社會變革，力求更公平地分配國家資源和改善政府治理的內容，最終讓貧窮人口大幅下降一半，吉尼係數在拉丁美洲國家中處於較低水準。⑤

⑤ 吉尼係數（Gini Coefficient）由義大利學者吉尼（Corrado Gini）在二十世紀初發明，是一種衡量集中度的方法，通常用來專指「所得分配的平均度」，最大為1，最小等於0，前者表示居民之間的年收入分配絕對不平均。

只有不斷反省和深思才能面對問題

無論如何，挑戰市場邏輯絕非易事，至少單憑說理遠遠不夠。很明顯，由於以逐利作為主要動機與出發點，甚至目標是追逐無止盡，根本沒有上限的財富，資本主義市場體系首先鼓勵了多多益善的「過度製造」。而為了消化很容易便超出日常需求的製造成果，它又進而鼓勵並合理化多多益善的「過度消費」。其結果是，若僅僅帶來「過度浪費」也就算了，腐蝕的不過是人類的心靈，但同時帶來的「過度消耗」就麻煩了，因為它摧毀的可是全人類的生存基礎，也就是這顆地球。當然，人類也無須過於自大，想真正終結整個生態環境並非一朝一夕可致，更具迫切危險性的或許是在人類「成功」摧毀地球之前，由於無限累積財富所無限拉開的貧富鴻溝，負面情緒的四處宣洩早就提前啟動了社會結構的自毀機制。

這樣的推理難嗎？答案很非常明顯：NO！

但我們怎麼就是無法改變它呢？

理由是，或許市場經濟早已不是一套單純的理性邏輯，不知何時開始，它已慢慢轉化成某種超越理性的意識形態，甚至是非關理性的先驗宗教，因此往往可透過「雖然……而且……但是……畢竟……更何況……所以……」等看似合理的自我詮釋，最終還是說服大家留下來「繼續奮鬥」。

面對這種情況，若還想解決問題的話，除了必備的決心與毅力外，充滿宗教性的諄諄熱誠與耐心同樣不可或缺。

二〇一三年九月，相較於多數元首上台後的照本宣科，應邀對聯合國大會發表演說的穆希卡則延續在里約大會中的說法，一方面繼續高聲呼籲「應該服務於解決人際關係的政治，不應屈從於經濟，只在財政系統失靈時才挺身而出」。接著他直接把矛頭指向問題的根源，「長久以來，人類前後信奉過各式各樣無形的上帝，如今則是把市場請上神壇來主宰全世界的經濟、政治，乃至生命，甚至以分期付款來資助我們的膚淺幸福。其結果是，多少人因追求無止盡的消費而陷入失落、貧困、自暴自棄。」

他語重心長地繼續闡述：「過度消費、鋪張浪費、奢侈無度是對大自然，乃致對人類自身未來的負債，……剝奪人們本不用花錢就能享受的空間、時間和自由，……人類竭盡發明創造所能，把本來不能交易的東西通通放進市場，墓地、喪葬可以促銷，婚姻、生育也可以買賣……，什麼都有行有價，當然也可以打折降價。」在這個被認定萬物有價又似乎甚麼都不能缺的世界裡，被不斷驅策去消費又找不到逃避理由的可憐人們，只得「鎮日奔忙不息，為的只是早點付完欠債，以便迎接下一個折扣季的到來，直到死亡那天為止。」

話鋒一轉，他連腳下講台所在的聯合國也不放過，嚴詞批判它已深陷在「官僚化」的困境中，以致於根本無法協調各國解決問題，更甚者，或許「我們的世界並不需要那麼多的國際組織，需要它們的只是那些連鎖酒店（意指連鎖酒店為這些組織所不斷召開的國際會議提供服務）。我們真正需要的，其實是更多的人道精神以及科學。」

當然，如此振聾發聵的吶喊，同樣在YouTube上贏得百萬次點擊率；一位網友留言說，「……我感動得都哭了，如果這樣的人是一位總統的話，那麼人類的未來還是有希望的。」

不過，單靠隻字片語是不可能瞭解一個人的。要真正認識穆希卡，還是得從他的人生和他所面對的世界談起。

一九三五

農村之子

人們對這個世界的認識，總是由自己腳下這塊土地開始。瞭解拉丁美洲，瞭解烏拉圭，才能真正進入穆希卡的心靈深處。

最豐足的大陸 最悲情的歷史

雖說「把快樂建築在別人的痛苦上」絕不是件道德的事，但自從哥倫布率領西班牙勢力在一四九二年「發現」這塊新大陸後，⑥一場漫長、幾乎沒有終點的噩夢也跟著降臨了。

歐洲對拉丁美洲的征服最初是四線並進的：首先是以加勒比海為基地，主要透過甘蔗種植來獲取收益；其次，由科爾特斯（Hernán Cortés）帶領的探險隊則自一五一七年起開始登陸探勘，隨即在充滿迷信、神話與運氣的複雜氛圍中，於一五二一年以寡擊眾地征服了阿茲特克，並一路南下進入中美地峽，目標在四處尋找可供劫掠的城市；第三支隊伍由皮薩羅（Francisco Pizarro）率領，在一五二四年從巴拿馬出發，幾乎以百米競賽式的速度，在一五三三年靠著難以言喻的膽識與無恥消滅了印加，光是如何處理大量勒贖而來的貴金屬就是一大問題；最後是在一五三〇年來到巴西，因受阻於亞馬遜雨林，主要在沿岸進行貿易和礦藏搜尋活動的葡萄牙人。

歷經半世紀，在大致控制海岸地帶後，殖民統治跟著登場了。相較於因為缺乏現代資本主義化的有效管理，以致幾乎留不下大部分從殖民地搜刮而來的財富，⑦從而讓西班牙贏得「黃金漏斗」的稱號，甚至王室在十八世紀末所累積債務還高達一億金幣以上，這些都無法掩蓋新大陸在此過程中受到的傷害，也使「切開的血管」成為拉丁美洲學者、詩人、文學家、政客們在自怨自嘆時最常使用的名詞。⑧

同樣來自烏拉圭，著名的左派研究者加萊亞諾（Eduardo Galeano）便在《拉丁美洲被切開的血管》（*The Open Veins of Latin America*）書中詳盡描述了歐洲殖民者如何冷酷無情、極度貪婪，甚至毫無人性的剝削過程，⑨指出「拉丁美洲殖民地前所未有、最大程度地集中了勞動力，以便盡最大可能地集中在世界史上任何文明都未曾有過的財富。」

---

⑥儘管這是個常識，事實是維京人早在他五百年前便來到美洲，何況哥倫布不僅至死都堅稱自己是到了亞洲；雖曾於一四九八年登上大陸，主要活動範圍也僅限於加勒比海地區。

⑦根據估計，在一六八五年到一八一〇年間，約有七萬五千噸到九萬噸白銀從墨西哥被運回西班牙本土，黃金數量也有數萬噸之多。

⑧鮮血意味著拉丁美洲的豐富資源，切開的血管則暗示它被源源不斷地流淌出去。

舉例來說，源自西班牙封建傳統的「委託監護制」於一五三〇年代後被引進拉丁美洲，一方面規定被委託者（殖民者）僅享有土地的使用權（目的在保障母國的最終法律追訴權），一方面則要求居住（事實上是被分配居住）在各開墾莊園土地上的印第安人，依此制度將禁止遷徙且須付出無償勞動，服勞役時間最初規定為六個月，至十八世紀竟擴大為三百天。更有甚者，為彌補幾乎無法填滿的勞動力缺口，秘魯總督托勒多（Francisco de Toledo）還在一五七〇年代制定了臭名昭著的米塔制（Mita system），強迫已移至高山地區的印第安人每年派出七分之一的成年人進行無償奉獻。

甚麼社會福利？勞基法？想都別想！

推動強制勞動的結果是，在進入美洲半世紀後，西班牙人已佔領了新大陸三分之一的土地，建立兩百餘個城鎮，並移入十五萬人。相對地，在墨西哥，印第安人在一百年間由兩千五百萬降至一百萬人；在巴哈馬，二十萬印第安人在十二年內滅絕；在古巴，三十萬印第安人在五十年內滅絕；在海地，則二十五萬印第安人僅剩五百人。總計美洲原住民在征服者出現時估計約有七千萬，但一個半世紀後只剩下不到三百五十萬人。難怪巴西人類學家里貝羅（Darcy Ribeiro）不無感嘆的說，「印第安人乃是殖民生產制度的燃料」。儘管教皇保羅三世早在一五三

⑨ 本書在一九七一年以西班牙文出版後，單單至一九八四年便迅速累積了三十八版；一九七三年首度以英文版面世，委內瑞拉總統查維茲曾在二〇〇九年的第五屆美洲高峰會上，將此書西班牙文版作為致贈美國總統歐巴馬的禮物，當然帶有些諷刺的味道。其結果讓該書在亞馬遜網路書店暢銷排行榜上一路從第五萬名，竄升到第二名。

七年敕令中就聲稱「印第安人是真實的人類，不是動物」，巴拉圭最高法院仍遲至四百多年後的一九五七年才通報各級法院，「印第安人與共和國所有居民一樣都是人」，這種極度扭曲的現象讓加萊亞諾不由得做出以下的結論：「無論過去或者現在，印第安人的不幸都來自他們本身的富有，他們的命運也是整個拉丁美洲悲劇的縮影。」

當西班牙在八世紀初面對穆斯林跨海而來的威脅時，曾不禁哀嘆道：「誰能承擔起描述這段大屠殺的責任？誰能將這段可怕的歷史向後人傳誦？即便將所有的肢體都變成嘴，也說不完西班牙所承受的毀滅命運與惡劣行徑。」或許，人性的最可悲處，往往便在於部分人們的「己所不欲，強加於人」，曾經哀嚎於伊斯蘭壓力下的西班牙，最終卻選擇了將同樣的殘酷施加上印第安人身上。天地不仁，莫過於此。

階層性社會跟一場失敗的獨立運動

受虐的不只是印第安人，還有無辜的非洲黑人。奴隸貿易在非洲早已行之有年，但規模不大，也算「盜亦有道」。但拜「哥倫布大交換」之賜，⑩在非人道勞動與流行疾疫侵襲的雙重打擊下，印第安人口迅速銳減至需求線以下，即時補充勞力也就成了當務之急。

⑩哥倫布大交換（Columbian Exchange）的概念由克羅斯比（Alfred W. Crosby）在一九七二年首先提出，意指一場東半球與西半球之間生物、農作物、人種（包括歐洲人與非洲黑人）、文化、傳染病、甚至思想觀念的突發性交流，最終引發各種生態上的巨大轉變。

一五〇三年，第一批黑奴從西班牙被送往美洲，至於直接從非洲西岸出發的第一艘販奴船也在一五一八年正式啟航。自此，奴隸貿易量逐漸增加，根據估計每年平均約有兩萬五千名奴隸橫渡大西洋，在一七八〇年代的巔峰時期，每年更平均有超過八萬名奴隸抵達美洲。⑪在測量身高體重、帶上手鐐腳銬，並分裝上船後，能活著遠渡重洋的黑人便成為他們白人主子的「手和腳」，幾乎分擔了所有的勞動。掠奪奴隸的規模很快便超過西非社會可承擔的合理程度，如同英國議員與廢奴主義者威伯福斯（William Wilberforce）沉重的控訴一般，「奴隸販子燒毀這些非洲人的村莊，迫使父母離開家庭，孩子離開父母，永遠剝奪了他們的快樂」，更別說他們長期在新大陸社會中位處底層地位所蒙受的待遇。

值得注意的是，並非只有原住民或黑奴才會受到欺凌，拉丁美洲在進入殖民時期後，很快地便形成一個以種族來源為分野，具有高度階層特徵的社會。位居頂端的是半島人（Peninsulares），也就是「從王國來的人」，他們壟斷了絕大部分政治權力；其次是克里奥爾人（Creole），他們雖同樣是純種白人，「不幸」的是生於殖民地，因此最多僅能分享中層政治工作；第三是一般被通稱為梅斯蒂索人（Mestizo）的各種混血民族，由於最初西班牙移民男女比例約七比一，高度的性別不均雖鼓勵混血通婚，甚至佔了人口多數，但他們跟政治沾不了邊；最後才是僅具「財產」意義，甚至歸於「非人」的黑奴與印第安人。

⑪ 奴隸貿易為非洲帶來的人口損失無法估計；有人認為，不僅向美洲種植園提供的奴隸超過一千萬名，非洲損失的人口高達三千五百萬到四千萬人，間接流失更可能達到一億。

由此，整個拉丁美洲構成了一個層序井然的垂直性社會，階級之間既鮮有流動，利益分配自然呈現明顯的不均態勢。既有不公平，就有仇恨、不滿、反動與抵抗。

利用十八世紀末拿破崙戰爭引發歐洲動盪的背景，以及母國（西班牙與葡萄牙）在一八〇八年陷入半島戰爭的契機，主要由克里奧爾人領導的獨立革命瞬間在新大陸爆發開來，隨即在一八二〇年代普遍終結了拉丁美洲長達三百年的殖民史。只不過，破壞容易建設難；連續十幾年的戰爭讓一部分地區成為廢墟，數十萬人流離失所，經濟發展停滯下來，大家不僅得在沒有前例也缺乏經驗和專業訓練的情況下去穩定秩序並從頭打造新國家，更關鍵的是，多數克里奧爾人如同半島人一般，充滿了種族與階級歧視，根本沒有意願分享政治權力，彼此誰也不想聽誰的。於是乎，各式各樣的內亂與戰爭跟著連綿不絕地烽火四起，繼續消耗並蹂躪著本即體質孱弱的這塊土地。

儘管最初革命領袖玻利瓦爾（Simón Bolívar）曾大聲疾呼「整個美洲就是我們的祖國」，⑫主張只有整個美洲團結一致才能抗衡歐洲勢力再度回歸，但最終他建立的大哥倫比亞共和國分裂成五個國家，原先的拉普拉他河總督區分裂成四個國家，一度成立聯邦共和國的中美洲地區也一分為五，迄今整個拉丁美洲（從墨西哥算起往南）總共存在著三十二個國家。結果是，雖然開發時間更早、資源更豐富、人口更多、最

---

⑫ 玻利瓦爾（Simón José Antonio de la Santísima Trinidad Bolívar y Palacios, 1783-1830）是拉丁美洲最重要的革命領袖，曾任拿破崙隨從，有「解放者」(el libertador）之稱，曾擔任大哥倫比亞共和國總統，倡導美洲整合，目前玻利維亞的國名就是為紀念他而取的。

初發展程度更高，十九世紀的漫長解殖民動亂終究讓拉丁美洲被北美洲（美國）迎頭趕上，甚至到了二十世紀還淪為後者說一不二的「天然勢力範圍」。

僻居一隅　發展受限的小國家

在花了些篇幅極簡要地勾勒了拉丁美洲發展史後，接下來是烏拉圭了。

烏拉圭向有「南美瑞士」的美譽，是個位於南美洲的小國，面積接近台灣的五倍，或約略跟柬埔寨或廣東省差不多大。在穆希卡之前，一般人聽到烏拉圭可能更多聯想到的是足球，尤其是先後被英超利物浦隊和西甲巴塞隆納隊分別以兩千七百萬跟九千四百萬歐元天價挖角的球星蘇亞雷斯（Luis Suárez）。的確，在現代足球由英國商人和海員於十九世紀末傳入後，作為人口只有三百餘萬的蕞爾小國，烏拉圭共獲得過二十餘次世界和洲級冠軍頭銜，⑬其強勁實力如同古巴之於棒球運動一般，不容小覷。

國名Uruguay來自該國跟阿根廷、巴西之間的界河，也就是烏拉圭河，據當地印第安原住民Guaraní說法，意指「棲息著色彩鮮麗飛鳥的河流」。雖然早在十六世紀初就被西班牙與葡萄牙探險隊造訪，但因無利可圖（缺乏貴金屬蘊藏），在十七世紀中期以前一直是處於兩大勢力夾縫間的無人地帶，一七二六年才確定歸屬西班牙殖民統治。在十九世

⑬包括兩次奧運金牌（世界盃設立前唯一世界級賽事）、兩次世界盃冠軍、十五次南美國家盃與美洲國家盃冠軍（也是首屆冠軍）、一次泛美運動會金牌。

紀初風起雲湧、四處喧囂的獨立運動浪潮中，阿蒂加斯（José Gervasio Artigas）成為現代烏拉圭的國父，但最初人口不到七萬五千人，夾於巴西、巴拉圭和阿根廷等幾個相對強大國家之間，內部有農村派白黨與都會派紅黨之爭，內戰與軍事政變頻仍，[14]對外又得面對殖民力量反撲與區域紛爭波及，[15]國家發展很不穩定。

即便如此，由於美洲相對較平等與更具前景的特色，大量歐洲人在十九世紀中葉湧入，這讓烏拉圭人口在獨立半世紀後暴增至四十餘萬（新移民多來自西班牙偏遠地帶和義大利半島），尤其奧多涅茲（José Batlle y Ordóñez）總統在一九一一八年推動一系列結構性改革，加上遠離歐洲戰禍帶來的機遇，該國在政治與經濟方面都出現長足進展，特別是教育制度的普及，讓烏拉圭成為南美洲最有文化的國家。可惜好景不常，受到一九二九年美國經濟恐慌拖累，下降高達八成的貿易出口、大規模失業潮與社會動盪，讓總統特拉（Gabriel Terra）藉機發動「自我政變」並解散國會，在一九三四年公佈了一部集權於總統的新憲法，經濟上則選擇向國外大企業讓步以換取資金挹注。

俗話說，「下坡容易上坡難」，果真一點也沒錯。

---

⑭ 最主要者是紅黨與白黨在一八三九到一八五一年之間的大內戰（Guerra Grande）。

⑮ 例如一八六四至一八七二年，巴西、阿根廷與烏拉圭聯手對抗巴拉圭的戰爭。

悲慘苦難歲月中的政治覺醒

就在經濟恐慌帶來社會動盪，獨裁政權扼殺民主的時代背景下，一九三五年五月二十日，穆希卡出生在距離首都蒙特維多大約十二公里，一個叫做帕索德拉阿雷納（Paso de la Arena）的小鎮，並在那裡度過了兒童和少年時光。這是個髒亂、落後、灰塵揚天、到處是低矮破敗房舍的偏遠地區，地方幫派隱身在屋簷下的陰暗角落，各式廉價毒品流竄其間，放眼所及皆是衣衫襤褸的底層窮人與無業遊民，有的人每天只能仰賴翻找垃圾桶維生。

一個觀察家對此的看法是：「那是一個失落的年代；人們甚至連如何保住工作都不曉得。」雖然這種社會景象當時在烏拉圭其實並不罕見。

他的父親德梅特里歐・穆希卡（Demetrio Mujica），是來自西班牙巴斯克地區的第二代移民後裔，⑯作為一個貧困小農，一九四〇年穆希卡的父親宣告破產，幾個月後便在窮困潦倒中去世；母親露西・科達諾（Lucy Cordano）則來自義大利南部利古里亞，一個擁有五英畝小葡萄園新移民家庭的女兒。⑰由於父親早逝，家境清貧如洗的穆希卡很早就必須幫忙養家餬口，例如到麵包店送貨，或者騎腳踏車滿載各色梔子花到市場上去販賣等，幾乎是家中主要收入來源；或許因此鍛鍊出一副

---

⑯巴斯克（Basque Country）位於庇里牛斯山以西的西班牙邊境，十六世紀後被併入西班牙，但目前存在自治獨立運動。

⑰利古里亞（Liguria）是義大利西北部面對第勒尼安海，正對科西嘉島的一個區域，西邊臨接著法國，首府是熱那亞。此地也是義大利十九世紀建國三傑之一，馬志尼（Mazzizi）的故鄉。

好腳力，在十三到十七歲之間也曾經是個自行車手，隸屬於好幾個俱樂部。

儘管年幼，鎮日映入眼簾的社會現狀、貧窮的嚴酷壓力，和流連於市井販夫走卒之間的體驗，讓他很早就接觸到政治思考的問題，不但地方上左派政客的高談闊論深深撼動他的心靈，由於目擊一些住在他家附近無政府工團主義者暗地裡劫富濟貧的行為，也影響了他日後的政治選擇。穆希卡曾經對一位他的傳記作者提到，雖然當時年紀還小，但因欽羨讚佩這些人的作為，他曾經「堅持捐出所有的玩具」給他們，並在被迫從高中輟學後，乾脆直接跟蒙特維多底層若干「半犯罪者」廝混在一起，其中對他影響最大的是個叫恩羅（Enrique Erro）的社會主義份子，他帶領穆希卡進入共產主義世界。但事實是，最終穆希卡選擇了比他的思想導師更加激進、積極的道路，也就是成為一個游擊隊員。但這是後話，此處暫且略過不表。

人生總是在不經意間來個大轉彎。

出身貧困，幼時幾乎見不到人生的光明，最大夢想是當個革命家，去衝撞和改變社會現狀的穆希卡，能想像到自己未來竟透過體制內合法程序，最終成為烏拉圭總統嗎？

二〇〇九　非典型總統

大變局：金融海嘯和拉丁美洲左轉浪潮

有趣的是，伴隨著穆希卡真實生命誕生到世間的，是在美國一九二九年經濟大恐慌影響之下，到處動盪紛亂、前途未卜的經濟與社會環境。而就在他決定參選總統並開啟另一個重要的政治生命里程碑前夕，又適逢美國自二〇〇七年起再度成為新一波全球不景氣的推手。

這場被稱為金融海嘯（financial tsunami）的全球性經濟危機，可見的源頭起自二〇〇七年下半葉，由於過度槓桿操作與市場泡沫化，導致美國爆發一連串的次級房屋信用貸款危機，緊接著，包括雷曼兄弟、美林證券、美國國際集團等關鍵融資機構紛紛宣告破產崩解，風暴瞬間向全球體系各個角落擴散開來。影響最大的固然是美國本身，例如像道瓊工業指數便從二〇〇七年破沫化頂點的一四一九八點，近乎崩盤地在二〇〇九年跌到只有六四六九點，更別提迄今仍餘波盪漾的歐洲的主權債務問題。

塔雷柏（Nassim Nicholas Taleb）在《黑天鵝效應》（*The Black Swan*）書中早有過如下預言：「全球一體化創造了一個脆弱且緊密聯繫的經濟，表面上呈現出相當穩定的景象。……金融機構不斷整併成為少數超大型銀行，幾乎所有銀行都互相連結在一起，這讓整個金融體系膨脹成一個由這些巨大、相互依存、疊屋架床的銀行所組成的複雜生態，一旦其中一個倒下，便全部同時垮掉。……過去的多樣化生態是由眾多小型銀行組成，各自擁有借貸政策，而現在所有金融機構互相摹仿的結果讓整個環境的同質性越來越高。確實，失敗的機率可能降低，但假使失敗發生，結果將令人不敢想像。」

這正是二〇〇七到二〇〇九年全球金融發展的實況。

當然，無論從政治或經濟上的地緣鄰接性看來，拉丁美洲都不可能自外於這波浪潮。不過，此時對它們而言，對未來影響更深遠的或許是過去十年來在政治發展上明顯的「左轉」走向。

相較於一九六〇到一九七〇年代，右翼政權幾乎控制多數拉丁美洲國家，甚至在一九九〇年代還因債務危機所迫加上蘇聯集團發生劇變，讓此地區的社會主義運動一度處於被邊緣化的窘境。正所謂「風水輪流轉」，以一九九八年委內瑞拉總統查維茲（Hugo Chávez）上台為起點，⑱左派勢力接連在玻利維亞、厄瓜多、巴西、尼加拉瓜等國贏得大

⑱ 查維茲出身軍職，同時擁有西班牙、黑人與印第安血統，為一九九九至二〇一三年間的委內瑞拉總統，致力推動稱為玻利瓦爾主義（Bolivarianismo）的左派民粹主義。

選。到二〇一〇年前後，左翼政黨已經控制了拉丁美洲約四分之三的國家與八成人口。

烏拉圭也在二〇〇五年宣告變天。左翼聯盟（EP-FA-NM）候選人瓦茲奎斯（Tabaré Vázquez）打破了該國長期以來由白黨和紅黨兩個右翼保守政黨輪流執政的傳統，首度由社會主義政黨贏得政權。於此同時，該聯盟在參議院的三十席中贏得十六席，在九十九席的眾議院中也囊括五十二席的過半多數。正因這個發展似乎呼應著區域「大局」，且當時還站在風頭浪尖上的委內瑞拉承諾提供優惠能源，難怪瓦茲奎斯在就職典禮上意氣風發地宣示，要讓烏拉圭成為「南美共同市場的布魯塞爾」。⑲

從赤貧之子走向總統之路

嚴格來說，比穆希卡小五歲的瓦茲奎斯既跟他屬於同一陣營，表現絕不算太差，支持率更未必低於穆希卡，⑳但兩人顯然有著懸殊的成長背景。相較於穆希卡出身社會底層，連高中都沒畢業，瓦茲奎斯則不但在大學裡取得腫瘤學專科的學歷，還曾負笈法國進修，一九九〇年當選首都蒙特維多市長後，一九九六年進而擔任廣泛陣線黨魁，仕途可謂一

⑲ 布魯塞爾是比利時首都（Brussel），也是歐洲聯盟總部所在。

⑳ 瓦茲奎斯在二〇〇五與二〇一四年分別以百分之五十點四五與五十六點六二，在第一輪就當選總統，穆希卡則在二〇〇九年直到第二輪投票才以百分之五十二點六過關。

帆風順。儘管同屬左派，瓦茲奎斯的思想立場似乎較保守，例如在開放墮胎權方面便與穆希卡的意見相左。事實上，他更希望經濟部長艾斯托里（Danilo Astori）作為自己的接班人，無奈後者的聲望始終追不上穆希卡。

隨著瓦茲奎斯的任期將在二〇〇九年結束，且根據烏拉圭憲法，該國總統不得連選連任，雖然穆希卡曾謙虛地婉拒說**「要我當總統，簡直就和教一頭豬吹口哨一樣困難」**，他還是在二〇〇八年被左翼的「廣泛陣線」政黨聯盟公推出馬參選總統。[21]等在他面前的是：對內，傳統右派政黨正蠢蠢欲動想奪回失去不久的政權。至於在外面，每況愈下的歐美經濟暫時還看不到脫離這個看似無底深淵的終南捷徑，國際經濟情勢繼續暗潮洶湧。

不管怎樣，穆希卡都選擇做自己。

在這場選舉當中，穆希卡的選戰公關維納薩（Pancho Vernazza）指出，「在我近四十年的職業生涯裡頭，從沒見到一個人像他一樣，具有如此高的學習能力和柔軟度。」穆希卡非但盛情邀請黨內初選的對手艾斯托里出任副手，也積極和商界溝通以化除後者對他的「反商」疑慮，然後高舉「誠實政府、一流國家」（Un gobierno honrado, un país de primera）作為競選口號，希望以不同流俗的清新形象來吸引選民支持。

㉑廣泛陣線（Frente Amplio, FA）成立於一九七一年，隨即於一九七三年軍事政變後被宣布非法化，直到一九八五年民主化後才取得合法地位；它屬於中間偏左政黨，與烏拉圭勞工聯合會—全國勞工大會（PIT-CNT）以及合作住房運動有著較密切關係，麾下盟友包括人民參與運動、烏拉圭國民議會、天主教民主黨、烏拉圭共產黨、烏拉圭社會黨、新空間黨等。

在二〇〇九年十月的總統投票中，穆希卡雖以百分之四十八的得票率，大勝前總統拉卡葉（Lacalle）的百分之三十，但因依規定必須得到過半票數，因此十一月又舉行了第二輪投票。在再度投票前，穆希卡便表示將盡一切可能透過協商和對話，搭建溝通各方意見的橋樑。最終，根據烏拉圭選舉法院在二〇〇九年十一月三十日公佈的最終計票結果顯示，做為執政黨「廣泛陣線」候選人，穆希卡在第二輪總統選舉投票中以百分之五十二點六的選票，超過半數當選該國第四十任總統，也是烏拉圭歷史上第二位左派總統。

在正式獲勝後，穆希卡隨即公開演說表示，在選舉中「既沒有勝利者，也沒有失敗者」（Ni vencidos, ni vencedores），因為所有的人實則都是同一個大家庭的成員。他表示將採取溫和的作法，與持不同想法的其他派別共同合作，保持社會經濟的持續增長。更重要的是，他也宣示要當個「人民的總統」，指出**「若認為權力來自於上，顯然是個錯誤，因為它只能來自大眾的心中，……這也是我花了一輩子不斷在學習的事情。」**

不能因為當了總統，就不當平常人了

事實證明，他的確努力貫徹自己「生為平民，永遠是平民」的理念。

如果你對所謂政治人物的想像，是一群衣履筆挺、活在雲端當中、身旁隨扈雲集、出門老有警車開道或至少碰不到紅燈、談吐用詞深奧講究，總之和普通老百姓不怎麼相同的人類（如果排除在台灣民眾印象中，不時吵架扭打、口吐穢言的立委諸公的話），或許這種刻板印象也未必有甚麼錯，但至少在你看到穆希卡之後，可能就會有點改觀了。

在穆希卡慣穿的藍白相間條紋襯衫上，從來不打領帶，腳下則經常蹬著一雙廉價皮質涼鞋，伸出幾根略髒的腳趾。雖然可以住進有百年以上歷史的總統官邸，享受著跟其他國家沒有不同的元首級生活待遇，他仍選擇以幾乎半塌、甚至登記在太太名下的自有農舍為家，因為「那已經比自己蹲過十四年的牢房大太多了」。至於總統官邸，則數度在冬天時開放給周邊貧苦民眾和遊民居住。

沒有小孩的穆希卡，住的農舍只是一棟非常簡陋的藍頂鐵皮屋，附著一個面積不大的小花園，有著幾棵枝葉扶疏的小樹，周遭雜草叢生，一條泥土小徑蜿蜒連到最近的公路邊上；房舍外晾著剛洗好的衣物，在木竿上隨風飄揚，家庭用水來自花園裡頭一口差點淹沒在蔓草中的水井；附近沒有任何「國家元首應有」的安全防備，農舍大門前只有兩名

2008年5月1日，穆希卡帶著自家三條腿的小狗「瑪努耶拉」出席了由烏拉圭總工會在首都蒙特維多所舉辦的國際勞工節慶祝活動。

2009年11月29日，烏拉圭的總統候選人穆希卡振臂慶祝自己贏得總統大選的決選（第二輪選舉）。

2011年4月13日，烏拉圭總統穆希卡在首都蒙特維多郊區自家農舍的花圃裡摘花。

2012年10月1日，烏拉圭總統穆希卡在秘魯首都利馬參加一場歷時兩天的高峰會。這場高峰會的與會者是南美洲和阿拉伯各國的國家元首。(AP Photo/Karel Navarro)

2014年2月13日，烏拉圭總統穆希卡在自家位於首都蒙特維多郊區的農舍中接受路透社訪問時展露著微笑。
這位78歲的前左派游擊隊員在訪問中說道，針對世界最大的非法毒品交易市場，要做的是掌握住毒品販售的管道和工具，而非只是禁止。

2014年5月2日，烏拉圭總統穆希卡和他養的小狗「瑪努耶拉」在首都蒙特維多郊區的自家農舍裡。

2014年10月26日，星期日，烏拉圭總統大選。現任總統穆希卡開著他那輛二十多年的金龜車前往首都蒙特維多的投票所去投票。(AP Photo/Natacha Pisarenko)

2014年10月26日，星期日，烏拉圭總統大選。即將卸任的總統穆希卡（照片中間）在首都蒙特維多的投票所投完票後離開之際，受到大批支持群眾的歡迎擁戴。
穆希卡執政下的烏拉圭經濟繁榮，所實施的社會改革，諸如開放大麻吸食和同性結婚合法化等，也都受到全世界的讚譽。(AP Photo/Natacha Pisarenko)

2015年2月25日，烏拉圭總統穆希卡在接受路透社訪問後於自家農舍裡所拍攝的照片。穆希卡將於3天後（2月底）卸任。這位前左派游擊隊員因其平易近人的作風、簡樸的生活，以及開放大麻種植和吸食合法化的政策而為聞名於世。

2015年2月27日，戴著烏拉圭總統穆希卡的面具和拿著穆希卡海報的群眾在首都蒙特維多的獨立廣場集結，歡送即將卸任的總統穆希卡。

2015年2月27日，烏拉圭即將卸任的總統穆希卡及其夫人露西亞，在首都蒙特維多的獨立廣場向支持群眾揮手道別。

2015年2月28日，前西班牙國王胡安・卡洛斯（照片右側）到烏拉圭前總統穆希卡（照片中間）位於首都蒙特維多郊區的農舍拜訪穆希卡及其夫人露西亞（照片左側）。

2015年5月1日，烏拉圭前總統穆希卡抱著自家三條腿的小狗「瑪努耶拉」參加在首都蒙特維多的一場示威活動。該活動是由來自烏拉圭全國各地數千名勞工為爭取更高的薪資而發起的集會。

警察輪流駐守，硬要算進去的話，穆希卡家中那隻只有三條腿的狗狗瑪努耶拉（Manuela）也是守衛隊一員。

沒錯，這就是烏拉圭總統的家。

如同他告訴記者的，「你不能因為當了總統，就不當一個平常人。」穆希卡拒絕任何隨扈和防彈轎車接送的「慣例」安排，自己每天開著車齡超過四分之一世紀的天藍色老金龜車上下班（車號是SAO-1653），最大興趣是帶著愛犬出門蹓躂看球賽，偶爾到市區巷內的酒吧喝兩杯。在平常的日子中，穆希卡不但選擇住到太太擁有的郊外農舍中，每天一有機會，也會和太太一起在花園中耕作種梔子花賺些外快，彷彿想重溫童年舊夢一般。然後把國家發給自己薪水的九成全都捐給遊民救助基金。當有人詢問他的動機時，穆希卡只是淡淡地說：**「剩下的夠我用了，如果有這麼多同胞連這數目都賺不到，我怎能說不夠呢？」**他還聲稱將來也要把部分的退休金捐出來。

那麼，穆希卡的薪水是多少呢？

按照他自定的慣例，穆希卡每個月都捐出總統月薪的九成以上，大約是一點二萬美金（折合台幣約三十五點七萬元），用在慈善目的上，尤其是針對無家窮人和小型創業者。這樣慷慨的捐薪行動，讓他每個月實領的薪水相當接近烏拉圭的平均薪資線，大約七百七十五美金（折合台幣約兩萬三千元）左右，也就是我們俗稱的二十三K，這使他成了「世界上最窮的總統」。

他受訪時就表示：「我已經這樣生活大半輩子了，我靠我現有的就能過得很好了，更何況我也很享受自己的生活方式。」二〇一〇年，他個人的財產申報數字僅僅是一千八百美元，事實上，這是他名下唯一擁有的一九八七年出廠金龜車的價值。儘管在二〇一四年，他決定將太太的資產，包括土地、曳引機，還有房產等加進來計算，這讓他的個人財產「暴增」到二十一萬美元（折合台幣約六百三十萬元），但仍遠低於他的副總統艾斯托里，更別提絕大多數甚至擁有龐大家族企業的其他國家元首。

正因他的特立獨行有別於「常人」，媒體網站Gawker曾以「在烏拉圭有一位您夢想中的總統」來形容他；二〇一三年底，塞爾維亞著名導演庫斯圖利卡（Emir Kusturica）也遠道前來以穆希卡為主角，拍了部紀錄片向他致敬，盛稱其為「最後的政治英雄」。

當然，穆希卡本人不無幽默地自我解嘲說：「如果我要求人民都過著跟我一樣的日子，那麼，他們恐怕會殺了我！」

無懼兩面評價　堅持做自己

沒有人是完人，至少沒有人能同時得到所有人的讚賞。有掌聲，免不了就有批評，這就是現實，也是民主。

儘管同屬左派，似乎也參與了新一波的拉丁美洲「左轉」浪潮，穆希卡始終跟委內瑞拉的查維茲或玻利維亞的莫拉雷斯（Evo Morales）等有著鮮明左翼色彩的主流角色保持距離。㉒相對地，他更試圖突出自己中間偏左的立場，尤其表現接近巴西總統魯拉（Luiz Inácio Lula da Silva），㉓或智利的社會主義派女總統巴綺蕾（Michelle Bachelet）的態度。正因如此，雖然他大力抨擊並持續批判資本消費主義的弊病與威脅，但並不因此便抑制商業經濟，或採取更多的傳統社會主義福利主張。

或許來自這種不無騎牆嫌疑的立場，自二〇一〇年就職總統以來，無論是否基於政黨歧見使然，對穆希卡的批評便不絕如縷。例如，雖然他在就職演說中曾將迅速改革教育體系當成重點，強調提升公共教育水準對國家的象徵性價值，並大力改革該國技職教育，且試圖提供貧困高中生更多福利保障，但事實是諸如大眾健康醫療或教育系統等在其任內都沒有明顯起色，這也讓穆希卡的聲望在二〇一二年滑落到百分之五十以下。

㉒ 莫拉雷斯為二〇〇五年迄今的玻利維亞總統，也是拉丁美洲首位印第安裔領袖。

㉓ 魯拉出身寒微，成長背景與穆希卡極為相似，當過擦鞋童和工人。十九歲開始從事工運，一九八〇年創立巴西工人黨，曾三度競選總統失敗，二〇〇二年終於當選，二〇一〇年卸任時支持度高達八成七，成為巴西史上人氣最高的總統，擁有「窮人代表」的美名，美國總統歐巴馬也稱他是「地球上最得民心的政治人物」。

儘管這樣的支持率，比起周邊許多拉丁美洲國家元首甚至得不到三成以上民眾贊同，已經不知高出多少，該國觀察家祖阿斯納巴爾（Ignacio Zuasnabar）仍指出：「許多人雖因為穆希卡的生活方式而覺得感動，這並沒辦法停止人們對其政府成效不彰所做的批評。」另一位評論家拉布菲提（Mauricio Rabuffetti）也辛辣地諷刺說：「關於穆希卡對物質主義的批判，我絕對舉雙手贊成；我相信不平等和消費主義正在侵蝕這個社會，我也很高興這樣一個人能成為我們的總統。但他真的甚麼事都沒做！更弔詭的是，我們的社會在穆希卡時代其實變得更消費主義化了。……他常說自己是個鬥士，沒錯，他真是個鬥士，正因如此，他所犯的錯誤就更無法理解，也不能原諒。」

對此，穆希卡的自辯是：「我是個總統，我必須想辦法創造更多工作並引進更多投資，因為這是我的人民要的。不過，我雖鼓勵消費，絕不包括那些不必要的消費，我更反對的是浪費，包括對能源和時間的浪費。我們必須設法讓東西可以一直用下去；但若是大家累積的舊習不改，這一切也不過只是空談。」

換言之，說到底還是個觀念和自省的問題：「無奈的是，我們活在一個好像沒市場就活不下去的時代裡，還能做甚麼呢？」

從赤貧之子走向國家元首，已然是一頁傳奇。在躋身政治頂層之餘還能不忘初衷，堅持自己的理念道路，更顯難得可貴。至於正反俱呈的評價，則不啻是民主制度最令人珍視的核心價值所在。

接下來，且讓我們一同追尋穆希卡這段人生「大轉型」的歷程吧。

一九六二　羅賓漢

一段瘋狂、反動、熱血沸騰的年代

一九六八年，是冷戰史上知名的狂飆年代。

在歷經一段戰後經濟逐步復甦、社會慢慢尋回活力，人類一度以為和平自此將永遠降臨的樂觀時期後，儘管理由各自殊異，或許部分亦不無雷同，整個世界霎時陷入某種瀰漫著騷動不安、熱血沸騰氣氛的景況中。

雖然在台灣情況稍稍不同：這一年，李敖暫時封筆，紅極一時、引發不少思想文化話題的《文星》雜誌在四月吹響熄燈號，柏楊、崔小萍、陳映真等人陸續被捕入獄，一度在前幾年當中被激起的自由主義浪潮看似告一段落，台灣社會重新回到一九五〇年代的寂靜無聲。當然，部分是由於此時台灣正邁向一段經濟起飛階段，人民更多地受「向錢看」吸引所致。

但在西方，到處都是由反戰示威浪潮引發的暴亂、動盪和反叛運動，直沖雲霄的深沉吶喊從美國的紐約、邁阿密、柏克萊、芝加哥，一路傳到墨西哥城，歐洲的義大利羅馬、法國巴黎、德國柏林、捷克布拉格、波蘭華沙，甚至是日本東京和整個中國大陸，到處激盪著各式各樣近乎歇斯底里的怒吼。就在這一年，儘管最終召來蘇聯坦克的無情碾踏，東歐的捷克仍以「布拉格之春」為名，在社會主義陣營中開了第一槍；北越發動了春季攻勢，一路攻陷西貢，並埋下美國最終被迫撤離的伏筆；剛剛拿到諾貝爾和平獎不久的著名美國黑人民權運動領袖馬丁路德・金恩（Martin Luther King, Jr.）遭到暗殺；至於墨西哥政府，則決定在夏季奧運會前夕對反對勢力展開大規模鎮壓。

事實上，被更多數人關注並紀念的日子，或許是這年的五月三日。

延續著自從年初以來便不斷醞釀並升高的憤怒與抗爭情緒，一方面嗅到不尋常氣息的便衣員警開始進入學校進行監視和調查，學生們也在巴黎大學的楠泰爾學院召開了一個組織會議，討論如何應付政府下一步的逮捕行動。法國左翼學生運動在這一天的大規模爆發開來，也許還是有些偶然與無法預料。總之，接下來的發展是：學生佔領了學校，工人佔領了廠房，工廠停工，商店關門，街上交通停頓，整個巴黎頓時陷於癱瘓狀態。

正因這股反抗浪潮如同烽火燎原一般，最終席捲了全世界多數地方，例如美國《時代雜誌》（*TIME Magazine*）便首先在一九八八年的二十週年特刊中稱其為「形成一個世代的一年」，在二〇〇八年的四十週年紀念特刊中，又進一步稱它是「改變世界的一年」；美國作家克蘭斯基（Mark Kurlansky）在二〇〇四年以它為背景寫下了《撼動世界的一年》（*1968: The Year that Rocked the World*）；至於《新聞週刊》（*Newsweek*）在二〇〇七年則定調它是「造就了今天的我們的一年」。這些都無疑說明了這場普遍性運動的歷史重要性。

作為新革命源頭的拉丁美洲

那麼，導致這場運動的背景究竟是甚麼呢？

從美國和西歐社會的角度看來，說起這場突如其來的學生運動，很多人自然而然想到了戰後嬰兒潮，[24]想到在冷戰初期受到高度意識形態壓抑的環境，也聯想到由於思想控制引爆的理想主義思潮。尤其在美國，學生運動可以追溯到一九六〇年民權運動推廣的「入座運動」（sit-in），以及翌年夏天由學生所發起，揣著保釋金並留下遺囑，義無反顧坐著長途汽車前往南方，挑戰種族隔離候車室的「自由乘車運動」（Freedom Rides）。

但事實上，這場運動的真正源頭或許在拉丁美洲。

更確切地說，是在一九五一年。

這一年十二月，出身阿根廷一個上流家庭，比穆希卡年長七歲，原本生活寬裕無虞的年輕人切・格瓦拉（Ernesto Che Guevara）騎上一輛拉波特拉撒II型的五百CC摩托車，開始了一段漫長、艱辛又充滿啟發性的環南美洲之旅。根據他自己在《革命前夕的摩托車之旅》書中開宗

㉔《紐約郵報》（*New York Post*）專欄作家波斯特（Sylvia Poster）首先在一九五一年使用了戰後嬰兒潮（Baby Boom）一詞，例如美國在一九四六至一九四九年共誕生三百二十萬名新生兒。

明義的自述，「寫下這本日記的那個人，在他重新踏足阿根廷土地的那一天就已經死了；組織和打磨著這本日記的我早就不再是我了，至少，現在的我不再是過去的那個我了；漫遊南美洲對我所造成的改變，遠超過我所能預見。」除了充滿奇遇的人際關係，以及在艱困環境中自然淬煉的解決問題能力外，最重要的，當然是眼前這個充滿貧困、不平等社會所帶來的困惑，以及他在書末藉某個不知名人士之口，為自己下的結論：「未來是屬於人民的，也許一步步，也許突然間，他們會當家作主，及於全世界。……問題是人民需要教導，……我的犧牲只是因為我的固執，更象徵了我們根葉腐爛且搖搖欲墜的文明。」

在如此深層自我啟蒙下，一九五四年，漫遊到墨西哥的切・格瓦拉巧遇了人生中最重要的革命夥伴，亦即同時流亡至此的卡斯楚（Fidel Castro）。

橫陳在惺惺相惜倆人面前的，是拉丁美洲自獨立以來便持續惡化的政治、經濟與社會窘境，解殖民不僅未帶來真正的平等，還因政治極度動盪而加劇了分配不均。例如光墨西哥從獨立後迄於十九世紀末的不到一百年間，便換了七十二個執政者，其中有六十個是透過政變上台的。在玻利維亞，同樣在革命後的一個半世紀裡頭，更發生了超過一百八十次以上的政變，其頻繁程度既令人咋舌。結果也只能是一幕又一幕、幾乎無法休止的混亂與悲劇。

更別說在美國大恐慌的推波助瀾下，整個拉丁美洲在一九三〇年陷入一片威權浪潮當中（包括烏拉圭在內），政局動盪與經濟困頓提供了獨裁者上台的絕對正當性，但獲得權力者隨即棄前述藉口如敝帚，自顧地埋首於聚斂財富。

值得注意的是，後來向全球自稱是「民主世界領袖」的美國，此際卻是獨裁者們不折不扣的最大幫兇，在小羅斯福（Franklin D. Roosevelt）總統美其名為「睦鄰政策」的指導下，只要配合其跨國企業布局，都可獲美國無限支持。一句經常被提及但很難證實的名言是，當小羅斯福論及尼加拉瓜獨裁者索摩查（Anastasio Somoza Garcia）時，曾脫口而出：「他是個渾蛋，但畢竟是我們的渾蛋！」（He's a son of bitch, but our son of bitch!）

話都已說到這個份上，只能徒呼奈何！難怪德・卡斯楚（Josué de Castro）要說：㉕「即便像我這樣拿過國際和平獎的人都認為，在拉丁美洲，不幸的是除暴力外，別無解決問題的方法。」

的確，除了以暴制暴，弱勢者並沒有太多其他選項。

一九五六年，切・格瓦拉和卡斯楚帶著八十二名知識份子，偷渡回古巴試圖推翻軍人政權，沒料到兩年多後就成功了。這段傳奇歷程非但激發了一大群西方年輕人的反抗熱情，許多來自美國和西歐的左翼熱血青年紛紛前往古巴朝聖。更有甚者，在切・格瓦拉於一九六六年轉進玻利維亞，卻不幸被美國中情局捕獲並隨即就地處決後，更讓他瞬間化身英雄典範，印著他頭像（帶著貝雷帽，堅定神情中充滿嚴肅，深邃的目光穿透般地遙望著遠方）的旗幟、海報、T恤成為後來在一九六八年狂飆年代中最具影響力的象徵物。

㉕德・卡斯楚是巴西醫生與政治家，同時是個生物學派人口理論家，認為人類生育率將隨著食物日益豐富而下降。一九四二年擔任世界反饑餓鬥爭聯盟主席，一九五二至五六年擔任聯合國糧農組織主席。一九五四年接受左翼的世界和平理事會頒發國際和平獎。

遵循行動主義　義無反顧走向革命之路

回到烏拉圭和穆希卡吧。

烏拉圭向有「老爺車博物館」（museo rodante）的暱稱，這意味著在該國街頭上到處可見一些年代久遠，在其他地方早已被淘汰的車種。當然，它揭示的其實並不是烏拉圭人民的某種特殊懷舊品味，而是暗示著該國的發展始終停滯不前。隨著第二次世界大戰與韓戰接踵結束，藉由戰爭帶來的額外需求亦跟著告終，烏拉圭因此出口銳減，通貨膨脹則日益飆升，接踵而至的，自然是社會生活的紛亂不安。

由於對社會問題的敏感以及對政治活動的熱衷，加上思想導師恩羅引介，穆希卡很快便投身政治行列。

他們最初選擇投靠的對象是俗稱「白黨」的民族黨（National

Party）。雖然這個政黨具有右翼保守色彩，未必符合穆希卡的理念，但至少在被稱為「紅黨」之科羅拉多黨（Colorado Party）在一八六五到一九五九年長期執政的陰影下，作為在野黨的對抗意識暫時可以滿足他的反叛思想。無論如何，在古巴革命的精神激盪下，恩羅和穆希卡都決定離開民族黨，重新思索未來的人生道路。其階段結果是，兩個人選擇的道路並不相同。恩羅獨立創建了人民聯盟（Popular Union）並繼續在體制內奮鬥，穆希卡則義無反顧地走出了體制。

接著，穆希卡加入了圖帕馬羅斯（Tupamaros）組織。

該組織又稱為「民族解放運動」（National Liberation Movement, NLM-T），是部分受到古巴革命在一九六一年成功的激勵，一九六〇年代活躍於烏拉圭，致力於「包圍國家」目標的馬克思派草根性政治運動組織，[26]一般認為由曾擔任律師的桑迪克（Raúl Sendic）由於認定無法在體制內幫窮苦大眾解決問題而創立，名稱則源自十八世紀末領導秘魯原住民反抗運動的圖帕克（Túpac Amaru II）；㉗他們高舉「言語分化我們，但行動團結我們」作為口號，遵循絕對的行動主義，重視身體實踐高於宣揚自身想法。

桑迪克在一九六二年五月五日率領一群暴動工人燒毀了位於首都的工會聯盟大樓，一般認為這是圖帕馬羅斯組織的第一個行動。不過，根據他們自己的官方說法，一九六三年七月三十一日攻擊瑞士射擊俱樂部（Swiss Gun Club）並搶走二十八支兩次大戰時期的槍支，才是該組織進行的第一場正式抗爭。至於「圖帕馬羅斯」這個名稱首度公諸於世，則要等到一九六四年。㉘自此，這個激進的社會主義團體不斷透過搶劫銀行和富商、攻擊鄉間偏僻處運送食物的卡車，然後分配給首都蒙特維多周邊的貧民窟，遂行其「劫富濟貧」的目標，從而讓部分國際媒體直接以「羅賓漢游擊隊」稱之。儘管被國家認定為反政府叛亂團體，至少他們自認為不過是政治行動者罷了。

但搶劫就是搶劫，這是他們無可迴避的汙點。在二〇〇九年一次受訪中，即便穆希卡也只能說：「搶劫偷竊的目的是讓我們可以花這筆錢，有了錢才能實現我們翻轉這個社會的夢想。」

雖然圖帕馬羅斯對烏拉圭社會本身影響力有限，但瑞典導演林基維

㉖ 烏拉圭左派雖在俄國革命後隨即呼應成立共黨組織，始終無法有效制度化發展。

㉗ 圖帕克原名加布列爾（José Gabriel Condorcanqui, 1742-81），自稱是新印加王國末代皇帝圖帕克後裔，因此加上「二世」稱號，其頭像曾被印在一九八五年發行的秘魯硬幣上。

㉘ 雖然桑迪克本人很早就在一九六三年九月被捕，差點讓該組織陷入群龍無首困境。

斯特（Jan Lindkivist）早在一九七三年便將他們的故事搬上電影螢幕。同年，希臘裔法國導演加夫拉斯（Konstantinos Gavras）也以他們的綁架行動為題拍了部電影。顯見該組織在國際中還是具有一定的知名度。[29]

無論如何，由於烏拉圭農村過於貧窮，無法支撐長期抗爭所需的資源，於是圖帕馬羅斯隨即決定轉向都會區發展。初期手段還算溫和，例如他們曾經在足球賽期間佔領電台，然後透過廣播來宣揚理念。但隨著軍警部門搜捕壓力日增，為求自保，或許也為了增加不同行動選項的可能性，部分圖帕馬羅斯份子在一九六六年後遠赴古巴接受軍事訓練，其中包括了穆希卡在內，甚至他還曾經跟切・格瓦拉當面交流過，並留下深刻難忘的感動與印象。

不過，說句實話，有關穆希卡加入圖帕馬羅斯初期的活動細節，我們雖然知道他曾經親自與切・格瓦拉見面，迄今資料仍揭露有限；有趣的是，他還自稱可能是現任各國元首當中，唯一親眼見過毛澤東的人。時間是在一九六二年，穆希卡代表圖帕馬羅斯到莫斯科參加世界青年大會，在轉道北京返回拉丁美洲前，他們獲得中國政府的訪問邀請，其中一些人提出會見毛澤東的要求，隨即得到了正面答覆。在會面過程中，穆希卡尖銳地就陷入分裂的中蘇矛盾進行提問，毛澤東對此的答覆是：「慢慢來，問題總會解決的。」

事實上，當時不僅中蘇共嚴重對立，也正是被稱為「大躍進」左傾激進路線全面嚐到苦果的時刻，毛澤東甚至被迫將權力讓渡給劉少奇，也算是他在建國後政治生涯相對黯淡的一個階段。不過，年輕的穆希卡未必瞭解這些。

㉙德國導演霍夫曼（Rainer Hoffmann）在一九九六年再度將該組織故事搬上銀幕。

無法迴避的風險：一段黑牢時光

正因圖帕馬羅斯在軍事化後，對政府威脅愈來愈明顯，更何況他們不過是當時動盪搖擺的烏拉圭社會中試圖宣洩不滿情緒者的一部分罷了，為穩定秩序並鞏固政權正當性，烏拉圭總統帕契科（Jorge Pacheco）在一九六八年決定發布緊急命令，大規模逮捕異議份子。這迫使圖帕馬羅斯組織在一九七〇年後發起並貫徹所謂「武裝宣傳」（armed propaganda），亦即透過政治性綁架（其實就是種最低暴力的恐怖行動），控制部分政經界頭臉人物；這些被限制行動自由者大半形式上先交給該組織成立的人民監獄（People's Prison）監禁審判，但多數被要求交付贖金後便獲得釋放。

在圖帕馬羅斯進行的一連串舉措中，最有名的當屬一九七〇年七月綁架美國國際開發署顧問米特里翁（Dan Mitrione）並於翌月撕票的案件，㉚這也讓該組織名噪一時，並逐漸在西方媒體中「拋頭露面」。其次，則是在一九七一年一月綁架英國駐烏拉圭大使傑克森（Geoffrey Jackson）的行動。只不過，使用政治暴力動作或屬不得已，但絕對是兩面刃。他們付出的代價首先是讓圖帕馬羅斯在政府的負面宣傳下漸失民意支持。至於壓垮駱駝的最後一根稻草，則是烏拉圭政府決定自一九七一年起動用軍隊鎮壓，終究使該組織在翌年宣告瓦解，多數重要成員

㉚美國國際開發署（United States Agency for International Development, USAID）成立於一九六一年，是美國對外進行非軍事援助的主要指導機構，但背後與中情局關係匪淺。

都在國家綿密的搜查行動中落網被捕。

一九七一年十一月，部分殘餘的圖帕馬羅斯成員為求生存，主動宣布停火並要求政府進行選舉，同時加入一個叫「大陣線」（Wide Front）的政治聯盟，但最終在選舉失利後仍歸煙消雲散。

值得注意的是，就在政府打壓圖帕馬羅斯的行動大獲全勝之際，烏拉圭軍方突然在一九七三年發動政變奪取政權，包括穆希卡在內，所謂圖帕馬羅斯「九人幫」全數被關入不見天日的黑牢，分別單獨監禁並施以酷刑拷打，一天只准用一次廁所，有時一整年都沒法子洗澡，甚至他們還得把自己的尿存下來當水喝，幾乎完全跟外界斷絕聯繫，部分夥伴在出獄前就已然精神崩潰。其中有兩年以上時間，穆希卡實際被關在一個陰冷潮濕、老舊飼料槽的底部水泥洞中，這對他原本就槍傷未癒的身體帶來嚴重影響。這種「沒有明天」的日子一晃便是十四年，直到民主化在一九八五年突然降臨烏拉圭之後，穆希卡等人才被新政府宣布特赦釋放出來。

即使獻身革命　仍奉行最低暴力原則

這段坐牢（十四年）比當英雄（九年）長得多的日子，當然對穆希卡影響深遠。儘管他完全不後悔自己所做的選擇，前述歷史過程在他當選總統後也被不斷提及渲染；嚴格來說，首先，穆希卡其實算不上圖帕馬羅斯的領導人，因為該組織傾向集體領導。其次，他也未必完全贊同夥伴們的強硬作法。

暴力或許難以避免，但絕對不是「必需品」。

一九六九年，穆希卡參與了一個短暫佔領潘多（Pando）小鎮的活動，帶領一個小隊控制市區中某處戰略據點，並負責管控電話交換機。事實上這也是該次活動期間唯一平安執行任務的一組人馬。

「轉過身，閉上嘴，把手放到頭上！」

這是當時年僅十六歲的馬尼塞（Emo Mannise）初次遇見穆希卡的記憶，當然，他很難相信這位強盜後來竟然成為總統。由於馬尼塞的繼父是當地仕紳又是個極右派法官，這讓他們家成為被攻擊並擔任臨時指揮所的對象。不過，儘管家中成員全數被限制自由，穆希卡仍溫柔地解釋說，「你們都會沒事，因為這跟你們沒有關係」。這給年輕的馬尼塞留下既深刻又複雜的印象，甚至後來在二〇〇九年的總統選舉中，他還決定投給穆希卡一票。

畢竟革命是件「在刀口上舔血」的工作，就算奉行最低暴力原則，絕不代表自己也可以因此免於暴力攻擊。

一九七〇年三月，穆希卡在蒙特維多市內一處酒吧遭到警方襲擊，身中六槍重傷，這讓他被迫隱居養傷了將近一年時間。總計在他擔任羅賓漢的生涯中，共被烏拉圭政府當局逮捕了四次，但也成功地越獄兩次。其中之一，是一九七一年參與了龐塔卡拉特斯監獄（Punta Carretas Prison）大逃亡的壯舉，[31]當時有百餘人分工合作，從監獄內部挖了一條長隧道，直通到外面一戶民居的客廳下方。在越獄一個多月後，穆希卡和若干人又被逮了回去。接著，他們再度於一九七二年四月越獄成功，這次改由同志從外面挖隧道進來，然後他們再搭著裝上輪子的板車

㉛ 該監獄始建於一九一〇年，位於蒙特維多往南一個臨海的岬角上，一度是烏拉圭關押政治犯和重刑犯的地方。一九八六年後遭到閒置，一九九四年後以購物中心的新面貌呈現。

逃逸，只不過這次也撐不久就又被捕了。

總之，針對這段既輝煌又斑駁的日子，用穆希卡自己的話來說，「所謂左派對這個世界的觀點，其實就是由你自己來想像出一個未來烏托邦；儘管如此，大家絕不能忘了，對人們而言，最重要的事還是活在當下，任何的奮鬥犧牲都必須是為了讓今天變得更好。」換句話說，重點並不是破壞今日，而是如何邁向更耀眼的明天。

如同馬庫色（Herbert Marcuse）所言：「我們為什麼要相信，去忍受不可忍受的事情叫作美德？」套句美國前副總統錢尼（Richard Cheney）的話「我們絕不跟邪惡談判」，當然，他指的是恐怖分子而言。只不過，所謂恐怖分子真是當前世上最邪惡的一群人嗎？

一九八九　行動政治家

突如其來的民主與一段全新人生

從某個角度來說，無論圖帕馬羅斯組織的失敗，還是後來穆希卡跟同伴們幸運獲釋，既跟他們本身，甚至跟烏拉圭都沒關係。

這是個全世界性的問題。

就在烏拉圭軍人於一九七三年六月發動政變的四個月後，由於石油輸出國家組織決定「大幅」提高國際市場原油價格，第一次石油危機跟著爆發了。曾在二〇〇八年目睹布蘭特原油衝上每桶一百四十七美元史上最高點的我們，或許很難想像也鮮有人知道，每桶國際原油價格在一九七三年之前，從來沒有超過兩美元關卡。當然，這跟市場機制無關，而是由於壟斷採挖和提煉的少數幾家跨國托拉斯根本無意讓真正擁有石油的中東國家分享的緣故。㉜

為了追求並落實分配正義，以中東國家為主組成的石油輸出國家組織決定藉由提高油價，來創造它們自己分享利潤的空間，至於結果是，油價因此一口氣在一九七三年底衝破十一美元門檻，這也讓阿拉伯國家的石油收入從一九七三年的三百億，快速地在翌年達到一千一百億美元。

沒錯，阿拉伯國家是看到正義了，其他國家呢？

這可分兩方面講：對當時發展程度稍高者而言，油價上升代表工業成本隨之暴增，短期內自然免不了衝擊，因此將此稱之為「危機」；至於發展稍低者，既然使用不多衝擊也有限，主要影響反而來自另一個間接的途徑，也就是當油國將這筆「天上掉下來的財富」存入銀行後，在熱錢（hot money）效益刺激下導致國際利率持續走低，由此突然帶來一個發展契機。正如此際墨西哥財政部長所描述的，「一堆銀行家追著要借給我更多的錢，因為利率低於通貨膨脹，還錢反而比借款成本要低，我為什麼不借？」由此，大量低利貸款紛紛流進拉丁美洲。從正面看，這確實帶來一段成長榮景，「奇蹟」景象四處可見。從負面看，則這些發展成就紛紛成為獨裁或威權政府的護身符，讓他們得以更加堂而皇之地為自己辯護，至於穆希卡等人，也就只得繼續蹲苦牢下去了。㉜

只不過，人們老是學不會：世界其實是一直在變的。

且不論借錢本來就得還，一方面工業投資的回收週期本來就比較長了些，沒料到的或許是美國在整個一九七〇年代顯露出來的持續經濟衰

㉜ 當時壟斷全球石油供給的集團被暱稱為「七姊妹」(The Seven Sisters)，包括美國紐澤西標準石油、紐約標準石油公司、加利福尼亞標準石油公司、雪佛蘭德士古公司、荷蘭殼牌石油、英國石油公司、美國海灣石油公司。

退（其實從美國總統尼克森倡言「以談判代替對抗」並推動美蘇「和解」就可大概看出端倪），為求先解決自己的問題，當時的美國總統雷根（Ronald Reagan）決定以鄰為壑，大幅調高利率來增加政府資本周轉率，結果苦了一群原以為利率將長期走低，所以選擇了彈性利率的拉丁美洲國家，瞬間飆高的利息支出不但讓區域內各國哀嚎鴻野，也在一九八二年帶來了普遍性的「債務危機」。

危機帶來破產，破產重創政府威信，民主化就這麼來臨了。

回到街頭　重新走進政治世界

無論如何，出獄總是好事，也是另一段全新生命的可能開始。

長年的牢獄生涯讓穆希卡重新思考了生命的問題，雖未必想透，至少形塑出他現在對生活方式的選擇和看法。

如同他在不同場合反覆重申的，**「我常被大家說是世界上最窮的總統，但我不覺得我貧窮；只有那些想一直保持昂貴生活方式的人，才是真窮人，因為他們總是要求越來越多，也從來沒覺得滿足過。」**進一步來說，他認為「這其實和自由有關，如果你沒有擁有過那些事物，你就不用花上一生去工作，就只為了保有那樣子的生活，所以你也就能多挪些時間給自己。」對自己的異類舉措，他則自嘲說：「我看來就是個怪老頭，……這不過是人的選擇自由罷了。」至於曾經存在的苦難歲月，他告訴《經濟學人》（*Economist*）的記者說，**「我一點也不怨恨；你知道不去怨恨是一件多麼珍貴的事情嗎？」**

不過，穆希卡雖選擇遺忘苦難，絕沒有也忘了當年的初衷與衝動。出獄之後，他又再度走入了政治世界。

當然，畢竟現在的環境比過去民主開放多了，好處是沒必要再冒險衝上街頭躲子彈，因此他跟許多過去圖帕馬羅斯的朋友們決定轉向民主共和途徑。經過若干年沉澱和重新思考後，穆希卡跟幾位朋友在一九八九年創立了一個叫「人民參與運動」（Movement of Popular Participation, MPP）的新政黨，隨即便加入左翼的廣泛陣線聯盟。

基於過去的街頭經驗，加上坦率、直爽、幽默過人的演講天賦，尤其針對農民和窮人群眾時的強大說服力，穆希卡很快變成政治明星，擁有「El Pepe」（「貝貝」）這個眾所周知的暱稱。㉝一九九四年，這群前街頭運動者初試啼聲，首次參加了國會選舉，結果選上兩名眾議員（一個是穆希卡）和一個參議員。㉞正式成為政治人物的穆希卡隨即展現出迄今未變的個人風格，相較於多數人選擇西裝筆挺地走進議事殿堂，他則還是隨性地穿著家居服，騎著砰砰作響的老偉士牌機車，就像個毫不起眼的旁聽群眾般，至於講話也從不咬文嚼字，滿口通俗俚語經常使他成為媒體和鎂光燈聚焦的對象。

一九九九年，穆希卡成功轉戰參議員席次。雖然他領導的「人民參與運動」最初在「廣泛陣線」中不過是個相對小的派系，但由於他個人魅力加持，很快地支持度便明顯與日俱增，到了二〇〇四年已轉身一躍成為聯盟中的最大派系。「人民參與運動」在當年的選戰中大舉囊括約

㉝ 每年的三月十九日是西班牙的父親節，也是聖荷西日（Día de San José），顧名思義是紀念José這位聖者。所有叫José的人小名都叫Pepe，這是因為José曾是耶穌的養父，西班牙文是Padre Putativo，取了最前面兩個字PP用西文發音便成了pepe。

㉞ 烏拉圭國會為兩院制，參議院共三十席，眾議院則有九十九席。

三十萬票，穆希卡也成功連任參議員。

二〇〇五年，一方面感受到穆希卡的輿論影響力，當然，可能也不無拉攏或消化其力量的意味，時任烏拉圭總統的瓦茲奎斯邀請穆希卡擔任「畜產、農業暨漁業部長」，後者欣然接受任命並辭去參議員職務，這也是他人生當中第一個擔任的政府行政工作，回首當年街頭歲月，相信他必然感觸良多。同年，雙喜臨門的是，儘管已屆七十高齡，穆希卡決定跟小他九歲的長期同居女友露西亞・托帕蘭斯基（Lucia Topolansky）結婚，她的父親是來自波蘭的移民，母親則是個艾瑪拉印第安人，年輕時曾積極參與學生運動，也是穆希卡在圖帕馬羅斯時代的戰友，更是目前一同負責「人民參與運動」的工作夥伴。㉟

秉持務實精神　推動大麻合法化

總的來說，穆希卡的政治定位與意識形態雖然較接近左翼，但他始終是個務實主義者，至少是個具高度彈性的左派。由於經常操用簡樸和大眾化的語言，以及不同於傳統政客，擁有能與民眾近距離交流的能力，穆希卡在政壇上逐步嶄露頭角。分析家佩雷拉（Gabriel Pereyra）的近身觀察也大體如此，「他最引人注目的是簡潔的談吐和穿著，尤其可以用平民化的語言跟大眾溝通。」奎羅樓（Rosario Queirolo）甚至指出，「他有時看起來簡直是個反政治者，至少絕非人們眼中典型的總

㉟ 露西亞是現任參議員與「人民參與運動」黨魁，由於二〇一〇年十一月二十六日曾代理過一天的臨時總統，也讓她成為烏拉圭史上第一位女性國家元首。

統。」

穆希卡的立場與彈性，可以從幾個個案來觀察。

例如，相較於前任總統瓦茲奎斯決定否決一項由國會通過，讓懷孕十二週以內可以合法化墮胎的議案，穆希卡直接表達了不同的意見，甚至二〇一三年還進一步推動了大麻與同性婚姻合法化，這些都讓他在這些議題方面，甚至站在全世界的先驅者角色。

尤其是大麻問題。

橫亙於拉丁美洲的哥倫比亞、秘魯、玻利維亞和巴西邊界的安第斯山和亞馬遜地區，由於盛產古柯鹼與大麻，自一九七〇年代起便有「銀三角」之稱（相較於被稱為「金三角」的東南亞產毒區）。其中，年產量六萬噸（全球最大）的古柯鹼乃是秘魯最主要農產出口品，每年賺取外匯超過一億美元；其次，年產古柯葉五萬噸的玻利維亞估計有六十萬人從事毒品工作；再者，作為古柯鹼最大提煉國家，產量佔全球四分之三，甚至大麻產量也居世界第一位的哥倫比亞，跟波利維亞同時作為美國最大的毒品供應國；至於墨西哥則是大麻的第二大產地。

根據研究顯示，全球共有四分之三以上的國家和地區存在毒品貿易問題，非但年交易額超過八千億美元，濫用毒品最嚴重的國家則是美國，估計每年消費非法毒品總額達一千五百億美元以上，至於「廣義吸毒者」（包括少量吸食與長期上癮者）亦約占全國總人口兩成左右。除此之外，美國有五成以上的犯罪行為被認為與販毒活動直接或間接相關。總的來說，這些不僅顯示出美國毒品問題的嚴重，從某個角度看來，基於密切的地緣鄰接性，加上拉丁美洲與美國長期且頻繁的歷史互動，這也讓在二十世紀下半葉毒品消費量暴增的美國，成為刺激拉丁美洲毒品生產最為關鍵的動能來源。

更重要的是，毒品並非僅僅是經濟問題而已，對前述拉丁美洲國家來說，由此衍生的組織犯罪等社會治安問題，已成為「發展之瘤」。

雖然穆希卡自己並不抽大麻，仍力推大麻合法化，他的理由是「下令禁止不過是為無法解決問題找個掩護性的藉口罷了。如果真想改變些甚麼，就不能老是做些同樣的事情。」在烏拉圭，毒品走私長期猖獗，大約有三分之一的犯人是因走私大麻與古柯鹼而入獄，非法大麻一年市值估計三千到四千萬美元，與其將它拱手讓給走私販子或黑道幫派，還不如由政府介入管理。

穆希卡認為，一旦立法合法化，「由於我們國家並不特別開放，因此這種作法可能有機會成功，……目的至少是先讓吸食者們遠離那些地下供應者，同時不讓他們吸食的量超過自己的消費能力；就像喝酒一樣，如果每天喝一瓶威士忌，不成為酒鬼也難。」針對反對者的攻擊與質疑，尤其認為此舉未必能解決大麻濫用問題，穆希卡的態度相當坦白，他不認為開放大麻合法化可以抑制吸食，也決不認為吸食大麻是健康的，關鍵在於「事實證明，禁止同樣解決不了問題」，因此他希望將首要目標放在打擊非法銷售管道上，「也唯有控制這些管道，未來才有可能真正解決吸食的問題」。

正因為這種較人性化，或至少務實面對問題的態度，烏拉圭政府在二〇一三年十二月十日首開先例，成為全世界第一個將大麻的使用、栽植、消費與銷售全面合法化的國家。

根據政府揭示的目標，合法化之目的在於更有效的打擊毒品犯罪。穆希卡表示將同步設立藥物管制部門，訂立民間栽植標準、訂定價格，並監控吸食者的使用狀況。只要年滿十八歲並向政府資料庫登記，烏拉圭公民每個月都獲准向合法藥局購買四十公克的大麻（市價一公克約一美元），但外國人不得購買，甚至於吸食者經過申請及授權後也能獲得栽植許可，每人限植六株大麻（相當四百八十公克），或者每十五到四十五名公民也能自行組織吸食俱樂部，共同栽種九十九株大麻。最後，政府會持續追蹤登錄在資料庫中年滿十八歲的國民，瞭解並協助他們的購買和吸食活動。

事實上，這項新政策並不真的獲得人民的支持。儘管反對者從二〇一三年中將近七成，到該年底政策推出時已低於六成，但在政策推出一年後，反對聲浪還是佔輿論半數上下。目前，烏拉圭國內約存在十五個吸食俱樂部，還有兩千個左右的栽種團體。儘管二〇一五年再度上台擔任總統的瓦茲奎斯誓言不會推翻穆希卡的政策，但畢竟他們的立場本來就不完全一致，目前作法是不再開放藥房的合法販售，政策未來依舊前途未卜。

革命性反向思考　贏得諾貝爾和平獎提名

無論如何，穆希卡對於大麻問題的「革命性反向思考」讓他因此獲得二〇一四年的諾貝爾和平獎提名。㊱提名他的荷蘭團體毒品和平研究院（Drugs Peace Institute）指出，大麻的消費權利理應受到人權原則的保護，穆希卡讓大麻合法化不啻成為「促進和平與理解的工具」。實際

㊱事實上，阿根廷哲學家桑加內提（Eduardo Sanguinetti）首先在二〇一二年六月投書烏拉圭《共和報》（*La República*），建議推薦穆希卡角逐諾貝爾和平獎。除此之外，諾貝爾和平獎的提名僅具象徵意義，每年獲提名者逾兩千人，最終通過者多半具政治考量，最明顯例證當屬二〇〇九年獲獎的美國總統歐巴馬。

上，這已是該組織連續第二年提名穆希卡作為和平獎候選人，烏拉圭國內包括左翼政黨「廣泛陣線」、「烏拉圭農家共同體」及「拉丁美洲大麻支持者聯盟」等都表示支持。

毒品和平研究院指出，大麻合法化如同一座橋梁，可用以連結被社會排除的吸食者和憎惡大麻的社會大眾，至於在制度上接受大麻將成為一個新的開始，讓社會漸漸理解到大麻作為天然藥物的作用，以及它在人類歷史中扮演之精神解放的角色，從而療癒這個充滿對立、分化和誤解的世界。對此，穆希卡指出，被提名當然是一項榮譽，但烏拉圭不過是嘗試另闢蹊徑，因為「打壓大麻犯罪實際上並不可行，況且我的目標不限於大麻，只是試著以此為開端，著眼於整體的毒品犯罪。烏拉圭不一定會成功，因此還需來自各界的支持和理解。」

或許穆希卡更單純的想法不過是：「在我們國家有十五萬人吸著大

麻，我絕不能讓他們可憐地落到毒品販子的手上！」

當然，大麻問題是充滿爭議的。至少穆希卡更具想像力，更富膽識，也更勇於向自己所承擔的位置負責，而非僅僅隨著流俗，只圖自身安全、牆頭草般地跟在熙嚷的人群當中。

對於這種道德勇氣，絕對值得肯定與讚賞。

二〇一一

區域領袖

區域合作成為一股全球新浪潮

儘管半個世紀以來，歐洲（其實主要是西歐一隅）始終是人們談論國家合作與區域整合的焦點甚或主要典範，前蘇聯總統戈巴契夫（Mikhail Gorbachev）也曾呼籲「從大西洋到烏拉山的歐洲，是一個由共同遺產所統一的文化歷史整體，該遺產承襲自文藝復興和啟蒙時代，以及十九世紀與二十世紀的偉大哲學跟歷史教誨。」亦即暗示著歐洲各國所擁有的高度同質性，理應成為共創和平未來的基礎。若僅僅為了宣傳理念，或許不用太過計較以上說法，但假使認真刨根究柢，實則無論種族、語言、宗教流派、文化內涵等，歐洲幾乎是全世界異質性最高的一個區域。相對地，若真想找個同質性最高的地方，則非拉丁美洲莫屬了。

整個拉丁美洲都經歷過數百年的殖民，且殖民者絕大部分來自來伊比利半島的西班牙與葡萄牙（這也是它被稱為「拉丁」美洲的由來），從而留下類似的歷史文化遺產，絕大部分居民屬於比例不一的混血者（通稱為梅斯蒂索人），除巴西與少數加勒比島嶼外，幾乎全部都使用西班牙語（甚至葡萄牙語和西班牙語也有高度共通性），九成以上的民眾都信仰廣義的基督教（或者說七成以上都屬天主教徒）。要找另一個比這兒更具同質性的地方，真的很難。

儘管如此，正如前面篇幅曾經提過的，諸如玻利瓦爾等革命先賢雖曾高舉統一大旗，畢竟功敗垂成，獨立後的拉丁美洲只成為一幅沒上框的拼圖，意味著一抖就立時四分五裂。在大哥倫比亞隨著一八三〇年玻利瓦爾病逝也跟著劃上句點之後，在接下來的一個多世紀裡，直到一九六〇年拉丁美洲自由貿易協會成立之前，㊲說來也不稀奇，就如其他地方一樣（殊不見歐洲還有拿破崙戰爭，更別提兩次你死我活的世界大戰），除了混亂、紛爭與自掃門前雪，在拉丁美洲也沒聽過甚麼合作的聲音。

不過，眼下的世界終究不同於以往。

無論是國際關係學者奈伊（Joseph Nye, Jr.）等人點出的「互賴」

㊲拉丁美洲自由貿易協會（Asociacion Latinoamericana de Libre Comercio, ALALC）由阿根廷、巴拉圭、巴西、秘魯、墨西哥、烏拉圭、智利等七國在一九六〇年組成；一九八〇年十二月該組織外長在烏拉圭首都蒙特維多宣告成立一個新的拉丁美洲一體化協會（Asociacion Latinoamericana de Integracion, ALADI）。

特徵，還是一九八〇年代末以來風起雲湧的「新區域主義」浪潮，就算是跟流行吧，各國多半仍從俗地選擇加入幾個區域組織中。由此，至少國家不再只是個具對外性的主權單位，如何跟別人相處，或在眾多選項中找個比較符合自身利益的對象，或更積極地發聲爭取有利地位或發抒對未來願景的想法，便成為國家元首在處理內政之餘，無法迴避的另一個責任。

更何況自年青時期，便追隨著切・格瓦拉理想的穆希卡。

強調妥協對話　也期盼人性展現向上光明面

雖然沒有太多處理對外關係的經驗，畢竟花了太多時間蹲在牢裡，穆希卡至少試圖將他面對人際互動的哲理拿來轉換使用。猶如前面所述，他總是先開放自己的心胸，傾向促進不同單位間的充分對話，因為「再差的談判也比開戰好」（the worst negotiation is better than the best war）。例如，在針對跟阿根廷之間的「烏拉圭河紙漿廠爭議」上，㊳他便抱持比前任政府更妥協的態度，最終讓問題和平圓滿落幕。他始終認為，身處阿根廷與巴西的夾縫中，「兩大之間難為小」的烏拉圭除耐心、妥協並堅持對話外，別無生存之道。對此，他自稱「剛剛當上總統時難免有滿腔理想，但很快就被現實擊倒了」，不過他並不氣餒，「至

㊳ 源起於巴西公司（ENCE）在二〇〇三年取得烏拉圭政府特許，在烏拉圭河（部分作為該國與巴西和阿根廷的界河）岸邊設置紙漿廠，引發對岸阿根廷居民的汙染疑慮，自二〇〇五年起不斷發起示威抗議活動，兩國同意提交國際法庭仲裁，最後在二〇一〇年和平落幕。

少我成功地將烏拉圭放進世界地圖上頭」。

穆希卡曾在二〇一一年擔任南方共同市場（Mercosur）任期一年的輪值主席職務，翌年又再度連任輪值主席；㊴接著，在二〇一四年十二月到二〇一五年三月之間，他也曾擔任南美洲國家聯盟（UNASUR）輪值主席。㊵對他來說，這些不僅都是非常寶貴的經驗，穆希卡更十分珍惜此一機會去實踐夢想。當然，「我們距離真正整合還非常地遙遠，但至少這是第一次，大家能坐下來一起開會、溝通，甚至做決定」，「我誠心期盼或許在一百年後，拉丁美洲各國之間的政治疆界將更模糊，更沒有特別意義」；至於未來發展，穆希卡既寄希望於人心深處的理性，更熱切期盼下一代年輕人能作出更好、更睿智的決定。

二〇一五年，穆希卡便以「對人性的深切期望」為題，在南美洲國家聯盟發表了一篇動人的演說，以下也摘錄其全文：

親愛的夥伴、總統、外長、這幾年一起打拼的同僚們，真心地謝謝大家。其實我就是個非常一般的農人，若說還有點特色的話，也可說是個固執、硬頸、僵化不通，但又喜歡堅持到底的典型巴斯克人，這或許是我為什麼能活著走出監獄之故。除此之外，我這個人確實再普通不過了。

㊴ 一九九一年由巴西、阿根廷、烏拉圭及巴拉圭簽訂《亞松森協定》成立的區域組織，二〇〇六年委內瑞拉加入，目前智利、秘魯、玻利維亞、哥倫比亞和厄瓜多為聯繫會員，紐西蘭與墨西哥則擔任觀察員。

㊵ 南美洲國家聯盟（Union of South American Nations）是二〇〇四年根據《庫斯科宣言》，由十二個國家共同組成的區域組織，目標是在二〇一九年形成類似歐盟的單位。

事實上，我的個性有點溫吞。我從來不想當個英雄，但就是止不住內心深處對社會不公和階級差異的一股怒火。

我深信，人類是種群居的動物，我們大概把在地球上超過九成的時間，花在家庭或家庭團體上頭。我們也是種非常奇怪的猿類，就是無法獨處，喜歡跟別人混在一起。亞里斯多德說得對：人類是種政治動物，或許正因為不屬於貓科，無論瞭解多少，我們就是需要一個社會。

就歷史而言，這裡指的是我們在地球表面最近百分之十的歷史，不是另外的百分之九十，無論如何，人類最終貢獻出今日可見的璀璨文明。畢竟在最近一個世紀裡，我們比一百年前人們的平均壽命足足多了四十年。當然，飢餓還是免不了的，但我們畢竟能養活兩倍人口並提供兩倍的食物。說來丟臉，其實我們扔掉了大約三成的食物，甚至拿它們去餵狗而非施捨給窮人。這正是我們文明中的矛盾之處，它讓我們有理由在充完電後繼續混戰下去。人們從來不曾像今日這般富足，至少過去從沒聽說過。我總是不厭其煩地告訴大家，這個世界每分鐘都花掉幾百萬美元去消費，同時花掉另外幾百萬美元去購買軍備。

在這個世界上從沒出現過甚麼馬歇爾計畫，目標在解決全球的貧窮問題，讓數以百萬計的窮人能跟大家整合在一起。有人曾告訴我，世界上第二有錢的人就算每天花一百萬美元，也得二百二十年才能把錢花光，但理論上根本做不到，因為若算入百分之二到三的年利率，事實上他每天可以賺進四百萬美元。因此，如果說這個世界上沒錢的話，不過是基於某種政治怯懦，不敢伸進這些其實付得起的人的口袋裡跟他們要錢罷了。

這是為什麼我們要進政治界，繼續在這個圈子裡奮戰下去，因為追根究柢或簡單地說，我們不過就是切了一小片培根給弱勢者；政治總得有所選擇，任何選擇都會有利於一部分又傷害了另一部分，你若非選擇多數，就是跟少數人站在一起，騎牆或中立都不可能，我們就是得選邊站。

撇開這個不談，各位拉丁美洲同胞們，還有一件事情顯然更重要，那就是正義。根據我們某些人被教導的，人們其實生活在一片淚海當中，能做的不過是隨時準備上天堂，但我可不這麼認為。天堂就在我們身旁，關鍵是我們是否選擇為了讓人民過得更好而去奮戰。還是老話，沒有中間地帶可選。

我從來不對賄賂或勒索買帳，未來也會繼續當這樣的一個老傢伙。真正有意義的事是去思考，現在有這麼多的年輕人，我要跟年輕人分享的道理是：生命不但分分秒秒都在流洩著，它也是你到超級市場去買不到的。所以，請大家務必要為活著而奮鬥，更要為活得有意義而奮鬥。

在不同的人們之間，過日子的主要差異在於，我們是否有意識地去引導自己的生活。可以這麼說，每個人都能決定並創造自己的生活道路。

在出生之後，你可以選擇讓生活有沒有意義。你可以把自己的人生賣給超級市場，也可以選擇一輩子追逐著信用卡帳單和不停地買毒品，但總有一天你會跟我一樣老，一樣深受風濕和各種疾病所苦，或許到那一天你會突然問自己：我究竟在世上做了些甚麼事情？

不過，倘若你還有夢，還想築夢踏實，還期盼出人頭地的話，或許仍呼吸得到一股瀰漫在山林、海邊，無所不在的氣息，它甚至比一座紀念碑、一本書、一首聖曲或一段詩歌來得更有價值；我衷心期盼年輕的下一代，能真的認知到人類的共同希望所在。各位拉丁美洲同胞們，沒有甚麼東西比生活更有價值，且讓我們為幸福共同奮鬥吧！所謂幸福，指的是讓生命擁有意義，讓生活獲得指引，不要讓它就這麼被偷走了。只不過這件事毫無訣竅，完全由你的良心決定，也就是你自己到底想不想抓住被生到世上這個充滿著奇蹟的機會。

更甚者，我還有第二個忠告要給年輕朋友們：看似不可能的事總要花長一點的時間去完成，至於決定垂手放棄的人當然只能是輸家。你或許在社會生活中、在愛情裡、在固執己見或追求夢想時，被絆倒摔跤個一千次，但你同時也創造了一千次重新開始的機會，這正是人生旅程中最重要的一點。

雖然肯定有座天堂在等著我們，人生其實沒有終點線，也沒有人會因你光榮陣亡而出來歡迎，或許有人會拿酒敬你，但也就這樣。更關鍵的是另一件事，就是去享受充實生活、追逐理想或最終築夢踏實過程中帶來的美感，生命的重點不僅僅在於得到甚麼，也包括我們能給些甚麼。不管我們怎麼壓榨自己，總能擠出些東西跟別人分享。

同胞們，我來自一個人稱「美洲小瑞士」的國家，人們曾經從拉丁美洲各地來此學習，我們也擁有些源自大英帝國的優良贗品，就像阿根廷一樣，這讓我們可以抬頭挺胸跟世界強權們並肩而立。拉普拉他河跟拉丁美洲其他地方有點不同，這裡看來很像歐洲，也讓我們恍然以為自己就是歐洲人，其實不過是幻覺。戰爭結束帶來了另一個貿易時期，我們開始欠國際貨幣基金愈來愈多錢，這正是我年輕時看到的景象。一些曾經高大壯麗者，如今俱成瓦礫殘堆。

再也沒有比從逆境中重新爬起更困難的事了，假使從沒發達過，或許還會自在一些，但對那些眼看著起高樓，瞬間又樓塌了的人們，顯然並不容易；因此我選擇想改變這個世界。我們雖曾經遍體鱗傷，卻始終堅持夢想。我們始終相信無產階級專政是對階級鬥爭的一個重要詮釋，世代將不斷演變下去，正是這把舊火焰讓我們走到這兒，瞭解自己犯過些甚麼錯，也看清楚擁抱生命將帶來甚麼樣的精彩人生。

當我看到一個充斥著消費品、金錢和各種資源的世界時，我的天呀，就像借你輛車、幫個乞丐、餵條流浪狗都會弄髒靈魂一般，我實在沒看過像今天這般吝嗇小氣的世界，也因此經常懷念過去那個大家都敞著心胸，不會以為什麼都該放進自己口袋的那個時代。

知道我正在說些甚麼嗎？

我無意否定過去，也絕對承認自己犯過的錯。生命本來就是個不斷學習、充滿夢想道路和各種足跡的歷程，但有些老東西確實值得被珍視。我們從來沒看過如此貪戀財富、如此充斥著不平等，資源滿溢卻又前途茫茫的世界。我深信，只要有勇氣正視那些作為人類歷史基礎的古老傳統，人們一定能打造出一個更美好的世界；我們絕非想重回石器時代，而是希望大家學習在捍衛生命時應同時具備的慷慨寬宏，並瞭解一些看似最簡樸事物的本質罷了：為了快樂，我們就得跟別人共同生活在一起。沒有人能離群索居，我們都依賴著社會，正是社會的進步讓大家得以不斷地富足生命內涵。無論過去或未來，我們的名字都叫拉丁美洲，我們必須持續為整合大家並創造一個兼容並蓄的文化努力下去，但前提是，我們必須有個共同的政治期望，也願意共同達成約定。

至於年輕人們，假如你們想活得更快樂，請牢牢把握住自己的夢想，努力去實踐它，絕不要輕易成為市場的奴隸！

我們應該擁有的世界，只有投注心力才能來臨。雖然可能晚了些，拉丁美洲人民還是得迎頭趕上，致力讓自己成為人類文明的最佳寶庫，一個充滿和平、團結信念、無懼地堅持正義的大陸，一個讓大家想終老於斯的場所，一個讓人類在地球上變得更高貴的地方。且讓我們的存在更有意義吧；若非如此，生命的意義最終將不過成為每個月買最後一塊毒品付出的費用，人生就這樣毫無選擇地慢慢靠向終點，到了那一天，我們只能停下來不動，跟自己說再見，然後甚麼也沒留下來，連一丁點兒記憶也沒有。

年輕人不能只是看起來年輕，必須在年輕身軀裡還有些東西。我們都會經歷過年少、老去或身處中年。我們不應該把世界分成男的、女的、黑的或黃的，這完全沒意義。我們能區隔的只有兩個世界，亦即願意承諾或無法承諾，也唯有敢承諾才能開啟機會之窗。

我知道自己來日不多了，雖始終沒辦法相信任何死後世界或上帝，但依舊尊重所有的宗教。你們知道理由嗎？因為我看到在許多病房中，它們如此努力幫人們安寧逝去，這也是我雖從不相信，但從來不嘲弄，甚至非常尊重各種宗教信仰的緣故。這讓我想到它們長期以來，在地球各個角落投注的心力，因為人們總是相信些甚麼。由於人類總能做到比滿足需求更高的境地，這使我們比其他物種更接近烏托邦；我愛人類，衷心尊敬各種信仰，但我知道自己終將灰飛煙滅。或許只有鴿子（意指和平）將永遠飛翔在大家頭上。

謝謝大家。

堅持憤怒 更堅持有所作為

再一次，穆希卡的真摯言語感動了大家。

這就是他的魅力，也是他想完全燃燒貢獻給整個社會的價值所在。的確，無論人與人，還是國家與國家之間，藩籬的存在非常自然，過度地強調這些隔閡卻完全沒有必要，甚至相當危險。穆希卡不斷向世人重申，他雖然是個左派，雖然在邏輯上「當然」反對資本主義與鼓勵大家去過度消費的行為，但這並非針對這些想法本身，而是其後果，尤其是它們誘導人們將目光集中在自我的欲望上，既不鼓勵去分享，有時在過度誇大自身生存危機的同時，將不由自主地決定傷害別人或至少習慣見死不救。

無論是否「人性本善」，穆希卡始終鼓勵大家「向善」，也堅信只有寬恕跟不斷對話，才能增進合作並共創人類光明的未來。

更何況，這個世界確實還充滿各種難解的挑戰。

卡普蘭（**Robert Kaplan**）在《世界的盡頭》（*The Ends of the Earth*）書中便認為：「如果認為我們對所有問題都存在普遍性方案，顯然對自己並不誠實；它們遠在我們的控制之外。……我被自己所目睹這一切情況的複雜和絕望所淹沒了，但這個世界不是一直都這個樣子嗎？……身為高等物種，我們可以想像出各種公正與和諧，但對眾多人類來說，公正與和諧談何容易？」因此他最後不得不下這麼個結論：「這個世界，我看得愈多，越覺得不能套進同一個模式裡，沒有人能精確預測歷史方向，也沒有任何國家或民族能不受一股怒火波及。」

法國人權鬥士黑塞爾（Stephane Hessel）同樣高喊：「憤怒吧！」穆希卡當然也覺得憤怒，也曾經因無法遏抑的憤怒走上街頭，隨時準備付出自己的熱血與生命。如今，這股憤怒雖仍不自主地流洩在他的字裡行間，但從他愈發寫意自適的生活姿態中，顯然他找到了更深的理解角度。

二〇一五　不死老兵

不一樣的總統　留下最不尋常的典範

二〇一五年一月七日，一名叫阿科斯塔（Gerhald Acosta）的烏拉圭民眾在臉書上分享了自己的一段獨特遭遇。

他表示，幾天前他在烏拉圭首都蒙特維多郊區一條道路旁伸出拇指，想試試看搭趟好心人的順風車回家，沒想到等了老半天，呼嘯而過的數十輛車都不願停下來。正當他心寒意冷、幾乎萬念俱灰之際，突然，一輛老舊的金龜車緩緩地停在眼前。阿科斯塔瞥見車子中有對老夫婦，兩人問他發生了什麼事，並表示可以送他一程，「但最遠只能載到總統府」。毫不遲疑，他興高采烈地爬進後座，卻突然發現老婦人有點眼熟，仔細一看竟然是第一夫人露西亞，司機則正是總統穆希卡。在短短的車程當中，阿科斯塔試著從後座為這對低調助人的總統夫婦拍下幾張照片，並在離開時連聲道謝。他寫道：「並不是每個人都願意幫助路人，身為總統還願意放下身段，更是難能可貴。」

拜現代科技之賜，這段短文又再度轟動了全世界。

說實話，人們在社會中相互幫助絕不是件稀奇的事情。那麼，這樣的一篇分享怎能獲得如此高的迴響呢？很簡單，當然是因為主角的「特殊身分」，他是個政治人物，甚至還是個「高級」政治人物。

正常來說，我們一般對政治人物也沒甚麼好話可談（雖然部分民眾追逐政治明星並視其為崇拜偶像也蠻正常），但二〇一二年在西班牙卻出現了不太尋常的情況，當地民眾莫名所以地在網路平台Twitter上瘋狂討論他們有多麼熱愛「總統」，短短幾週內至少有無數次留言都在談論這個話題。有趣的是，西班牙人的偶像可不是他們自己的總統，而是遠在大西洋彼岸，在此花了整本書去描寫的烏拉圭「世界最窮的總統」穆希卡。

受到這股熱潮吸引，英國廣播公司BBC也來湊一腳觀察並報導，他們發現西班牙的網友們在Twitter上熱烈比較自家首相拉霍伊（Mariano Rajoy）和烏拉圭的穆希卡總統有多麼不一樣。當你進一步觀察時，就會發現以關鍵字「不一樣的總統」（#Un Presidente Diferente）為題的討論已經超過十萬筆；引發西班牙網友們熱烈議論的源起，是因為穆希卡受邀到該國電視台接受訪問。一名網友便在網路上留言道：「他看起來如此謙虛、真誠，請問現時哪位西班牙政治家可以讓你這樣形容的？」另一位網友則更辛辣地指出：「很難相信，一個發展實際上比我們稍微落後的國家，當地的政治家竟比我們國內這批人更有效率，也更能實現他們的諾言。」

當然，網路留言並不代表全體意見。網友們的議論僅顯示出西班牙人對目前政局感到不安，這當然跟政府無法處理好金融海嘯衝擊有關，甚至在歐洲也不是只有西班牙有問題（豈不聞有所謂「歐豬國家」的說法），但西班牙執政黨確實正失去輿論支持，當時首相正捲入祕密政治現金交易也讓人民無法信任他。不過西班牙人把拉丁美洲國家政治人物拿來比較仍是很罕見的，甚至穆希卡在網路上還被拿來跟教宗比較，顯見人氣真的很高。

決定給予烏拉圭肯定的，還有《經濟學人》。

二〇一三年，這本全球知名的雜誌首度決定選出一個「年度代表國」（country of the year）。結果跟大家期待他們將聚焦於「經濟表現」背道而馳（編輯室開玩笑說，若論經濟表現則首推當年成長率高達百分之三十的南蘇丹，但理由是前一年表現太糟糕了），最後大爆冷門，脫穎而出的就是烏拉圭。理由是烏拉圭目前不僅在南美洲國家中，無論民主、和平、清廉、生活品質、政府電子化程度等都名列第一，該國在這一年包括通過同性婚姻法案，尤其是推動大麻合法化等，這些議題都將對現在與未來世界產生重大影響；更別提他們有一位身為元首卻維持平民作風的總統穆希卡，他的「謙虛而率直、熱愛自由又有趣」絕對值得被全力推薦。

除此之外，穆希卡也入選了美國《外交政策》（*Foreign Policy*）雜誌在二〇一三年所挑出的「全球百大頂尖思想家」之列。

確實，穆希卡的表現不僅突出，甚至可說「詭異」；對經常一起出席國際會議的其他國家元首來說，他的亮相簡直令人坐立難安；穆希卡從不帶維安人員也不打領帶，身上找不出一件名牌精品，更麻煩的是，他竟然是拉丁美洲最受歡迎的總統。相較阿克頓爵士（Lord Acton）所說「權力將帶來絕對腐化」的箴言，穆希卡的想法則是：「權力不會改變一個人，它只會顯現一個人真正的自我。」

謝謝你，貝貝！

二〇一五年二月二十七日，將屆八十歲的穆希卡在任期結束最後兩天前，於蒙特維多獨立廣場發表告別演說，他感性地強調：「謝謝我最親愛的人民，也謝謝所有政府機關夥伴們陪伴我五年，我要求大家盡一己之力，繼續合作為新政府工作，為百姓謀福利。」在他及身旁的太太面前，數千名支持他的群眾自發地聚集到廣場前歡送穆希卡，許多民眾不捨落淚，因為「他就是人民，所以我們來歡送他」，同時高聲吶喊「他是全烏拉圭人的總統」。此外，在蒙特維多街頭牆上也到處可見「謝謝你，貝貝（PePe）！」的油漆塗鴉。

當然，我們也說過，沒有人能得到所有人的歡迎；有人喜歡他，也肯定有人討厭他，尤其穆希卡還力排眾論推出不少具爭議性的改革政策，這讓他的受歡迎程度明顯出現緩步下滑跡象。不過，直到任期的最後一刻，他依舊擁有高達六成五的支持率。雖然烏拉圭這個國家繼續面臨許多挑戰，包括社會治安、教育體制改革等，ＢＢＣ記者戴維斯（Wyre Davies）還是決定給他如下評價：「穆希卡留下了一個相對健康、穩定，且是鄰國遠遠無法企及的經濟與社會成就。」

至於未來，穆希卡本人聲稱：「我絕不會只想找個僻靜角落，埋首寫著自己的回憶錄。絕不！雖然我確實累得走不下去了，但就是不想停下來。我會想盡辦法走到進墳墓的那一天為止。」或許這也是政治人物的宿命。儘管年事已高，依然受媒體關注的他應該將持續活躍於政壇，除參選議員外，若身體狀況允許，更不排除如同他的同事瓦茲奎斯一般，在二〇一九年回鍋參選總統。（對此，純粹是作者個人意見：希望絕對不要！）

從他身上，我們可以看到又學到甚麼？

回過頭來，當我們重新審視穆希卡曲折蹣跚、但處處充滿驚奇的一生時，雖難免聚焦在他的人生頂峰，也就是作為國家最高領袖。事實上，至少就我個人的觀察，「政治」雖是他選擇的終身志業，但比起當個「政治人物」，如同我為本書第一個段落所下的標題，「佈道家」可能才是他最想做的工作。

當個佈道家？那麼，到底他想宣揚些甚麼？

表面上，從他多次演說或受訪問內容可見，資本主義、市場、過度消費社會等，好像是他的批判焦點所在。但更為根本的問題，如同穆希卡的感嘆般：「我常常覺得這個世界真的瘋了！大家瘋狂地去追逐一些看來其實沒甚麼的東西，甚至是那些明顯會帶來麻煩的事物。」

有時候，關鍵並不在「問題」本身，而是對問題的「看法」。

倘若你看得到，就仔細去看；
若你能仔細看，就請好好觀察。

這句話啟發了葡萄牙作家薩拉馬戈（José Saramago）在一九九五年寫下《盲目》（*Blindness*）一書，並於三年後獲得了諾貝爾文學獎；至於最初，它則是印在切・格瓦拉《革命前夕的摩托車之旅》的新版封面上。

薩拉馬戈的想法跟穆希卡高度接近，可惜他在二〇一〇年辭世，否則兩人可能會有更多精神激盪空間。由於主業是文字工作者，有時薩拉馬戈的批判遠比穆希卡更加深層精彩，例如他指出「人民並未選出一個能管控市場機制的政府，相反地，是市場在各種層面上，透過政府將人民交由市場機制來操弄；市場機制乃是今天控制著全世界經濟和金融最為強大的一股權力，重點是，這股權力根本與民主無關，因為它既不是由人民選出，也從未被交由人民來控制，因此它也從來不以人民福祉做為最高目標。」

持同樣看法的還有格列科（Thomas Greco），他抨擊道：「貨幣、銀行和金融的政治化讓權力和財富集中在少數人手中，這對社會、文化、經濟、民主政府和環境都帶來可怕的破壞；政府擅自讓自己擁有幾乎不受限制的支出能力，得以將財富轉移給特定族群，從而顛覆了輿論和民主機制。」

薩拉馬戈指出，一個往往被忽略或誤導的事實是，「我們所居住生活的這個世界，根本不是民主世界，而是一個被財閥寡頭統治的世界」；雖然這些冷血財閥被指稱是犯下違反人道罪的惡徒，他也只能無奈嘆息說：「這些罪犯通通有名有姓，且廣為人知，然而他們依舊堂而皇之搭乘高級轎車往返高爾夫球場，老神在在地連想藏匿行蹤都沒想過。」

這些人的罪行所以被忽略，是因它們常被認為不過是種「現象」。根據牛津饑荒救濟委員會（Oxfam）表示，㊶相較於在二〇〇九年，全球最富百分之一人口擁有百分之四十四的總財富，這個比例到二〇一六年將正式超過五成，這代表他們掌握的資產比其他百分之九十九

㊶牛津饑荒救濟委員會（Oxford Committee for Famine Relief）成立於一九四二年，一九六五年起改以Oxfam為名，也被翻譯成「樂施會」，是個國際非政府救援組織。

的人加起來還多。這裡所謂全球最有錢的百分之一人口約有數百萬人，光在北美和歐洲地區就占了百分之七十七；此外，全世界前八十大富豪擁有的財富共計近兩兆美元，相當於收入較低另一半人口（三十五億）的財富總和。

不僅如此，目前世界上雖然每九個人就有一個人處於吃不飽飯的「絕對貧窮」狀態，至於每天生活費不到一點二五美元者更高達十億以上，單單全球百大首富在二〇一二年一年當中所增加的兩千四百億美元資產，就可以在一夜之間終結全球的貧窮。

這個「現象」夠怵目驚心吧。但除了是則新聞，還有何意義？有沒有更多人想過：它究竟是如何發生的？真只是個自然結果而已？

雖然自己也屬左派，薩拉馬戈對近期左派的表現抨擊也不遺餘力：

「目前左派對於他們所居住的這個世界，一丁點他媽的理念想法也沒有！……不思考、不行動，連冒著風險往前踏一步也不敢。」

他乾脆直截了當地問：「我們到底正試著製造哪種公民？」

這確實是個困難的問題，不過，絕不容逃避。

一六三三年六月二十二日，當伽利略（Galileo Galilei）在天主教會宗教裁判所要求他逐字唸完一份棄絕異端宣誓書後，嘴中猶自囁嚅地喃喃自語：「可是它確實在動呀。」（E pur si muove.）這象徵著他對於自己所追求真理的堅持，也代表他對於壓迫其心靈力量的最低限度反抗。

當然，事隔近四百年，時空環境早已大大不同；在今天，反抗所面臨的壓力與代價顯然遠比昔日低了許多，更別說觸目所及只要通過社群網站發個訊息便能一呼百應的示威活動了。

不過，我們真的因此就自由了嗎？

再套一句穆希卡語錄吧：「自由就是將自己一生大部分的時間，用在自己真心喜歡的事物上。」我同意這個說法，但它可能得再闡釋一下：所謂自由當然意味著大家可以恣意任性、無須忌憚地去追逐「自己」的夢想，關鍵是在築夢踏實過程中千萬要避免只有「自己」或只想到「自己」，這也正是穆希卡在不斷鼓舞年輕人勇於挑戰逐夢時，孜孜不倦、反覆提醒的另一個重點。

在電影《哈比人》（*The Habbits*）完結篇中，矮人國王索林（Thorin）在奮戰至死前夕，曾留下一段意味深長的遺言：「如果這個世上有更多的人，重視家庭更甚於黃金的話，那麼，這個世界將變成更美好的地方。」當然，這反映了他對自己一度迷失在伊魯伯黃金堆中的沉重反省，但或許也不啻是導演想藉他之口對世人傳達的訊息。

家庭，或更大些的社會，永遠是我們最終寧靜棲身之所。

哲人日已遠　典型在夙昔

最後，還是回到穆希卡身上吧。

美國將軍麥克阿瑟（Douglas MacArthur）在一九五一年四月十九日於國會演說時，曾不無感嘆地以「老兵不死，只是逐漸淡去」（Old soldiers never die, they just fade away）作為結尾，也暗示著自己的未來。相較當時七十一歲，言談間已略顯黯淡消沉的麥帥，年紀雖更長十歲，穆希卡卻依然容光煥發，活力澎湃，炯炯眼神還是眺望著有無限可能的未來。

對於這麼一位活跳跳的老人典範，我們只能心服口服！

穆希卡

全世界最貧窮也最受人民敬愛的總統

作　　者	蔡東杰
編　　輯	龐君豪
封面設計	丸形設計工作室
排　　版	曾美華
發 行 人	曾大福
出版發行	暖暖書屋文化事業股份有限公司
地　　址	新北市新店區德正街27巷28號
電　　話	886-2-2910-6069　　傳真 886-2-2912-9001
出版日期	2015年9月（初版一刷）
定　　價	280元
總 經 銷	聯合發行股份有限公司
	地　址　231新北市新店區寶僑路235巷6弄6號2樓
	電　話　02-2917-8022　　傳真　02-2915-8614
印　　製	成陽印刷股份有限公司

本書所有圖片來源：達志影像／提供授權

國家圖書館出版品預行編目資料

穆希卡 : 全世界最貧窮也最受人民敬愛的總統 / 蔡東杰著. -- 初版. -- 新北市 : 暖暖書屋文化, 2015.09
面；　公分
ISBN 978-986-91842-4-3(精裝)

1.穆希卡(Mujica Cordano, José Alberto, 1935-) 2.元首 3.傳記

785.788　　104017080